D0769179

BIENVENIDA AL CLUB DE LAS CUARENTONAS FELICES

ROSAURA RODRÍGUEZ

BIENVENIDA AL CLUB DE LAS CUARENTONAS FELICES

Diseño de portada: Vivian Cecilia Gónzalez
Diseño de interiores: Editorial Planeta Colombia, S.A. de C.V.
Fotografía de autora en solapa: Roberto Grenyer

© 2008, Rosaura Rodríguez
c/o Guillermo Schavelzon & Asoc., Agencia Literaria
info@schavelzon.com

Derechos reservados

© 2008, Editorial Diana, S.A. de C.V.
Avenida Presidente Masarik núm. 111, 2o. piso
Colonia Chapultepec Morales
C.P. 11570 México, D.F.
www.diana.com.mx

Primera edición impresa en México: julio de 2008
Primera reimpresión: noviembre de 2008
ISBN: 978-968-13-4406-1

Impreso en los talleres de Irema, S.A. de C.V.
Oculistas núm. 43, colonia Sifón, México, D.F.
Impreso y hecho en México – *Printed and made in Mexico*

Índice

1

Del sueño al hecho hay un gran trecho

El día que cumplí cuarenta años, a las siete en punto de la noche, dejé de ver de cerca. Me imagino que el proceso hacia la ceguera se venía gestando durante las horas previas, pero cuando decidí ponerme en contacto con el mundo y leer el periódico, estuve ignorante de mi recién adquirida presbicia. Una ignorancia que me llevó a la incredulidad inicial y a buscar razones externas. Lo primero fue la falta de luz, eso debía ser lo que me estaba pasando. Al fin y al cabo, me encontraba de visita en la casa de mi hermano y ese sofá y esa lámpara no le eran familiares a mis capacidades visuales.

Después de buscar inocentemente en la sala, en el estudio y en el cuarto, el ambiente ideal para que mis ojos pudieran ver claramente las letras del periódico, sin que la búsqueda diera resultados positivos, me enfrenté al primer síntoma inequívoco de estarme convirtiendo en una cuarentona. Era un hecho, mi vista ya no funcionaba veinte y veinte y más bien las dos cifras se sumaban para llevarme a la realidad de mi nueva edad. Con el miedo que da el comprobar tus peores temores miré las gafas de mi madre en la mesa de noche y me las puse con la más firme esperanza de sentir el mareo y la vida nublada que te da el mirar a través de unos cristales que no te corresponden. El mareo brilló por su ausencia y aunque no veía todo lo claro que me hubiera gustado, estaba ante la realidad de que miraba mejor. Los cuarenta me habían caído encima y ya no veía la vida de la misma forma.

Pero como dicen por ahí que todo depende del cristal con el que se mire, quizás mi desconcierto ante este primer síntoma de vejez se debía precisamente a que no soy de las mujeres que vieron su entrada a los cuarenta como algo horrible. Al contrario, desde que tenía doce años anhelaba llegar a esa edad. Estaba convencida de que era la mejor etapa de la mujer, que nos volvíamos interesantes, que en ella se unían la sabiduría y la juventud en el estado perfecto. Por lo menos eso fue lo que captó mi mente preadolescente en su primer enamoramiento platónico.

Y es que mi despertar amoroso se lo adjudiqué a un amigo de mi papá. Un hombre inteligente, exitoso, culto, y que a mí se me antojaba el ser más interesante de la tierra. En vez de que mis hormonas se depositaran en alguien de mi edad, me traicionaron ante la certeza de un amor imposible. Por supuesto que esa imposibilidad no logró que mis hormonas se aplacaran y revoloteaban a su alrededor cada vez que nos visitaba. Y fueron, precisamente, las conversaciones que él sostenía con mi padre y sus amigos las que me hicieron añorar ser grande, llegar a esa edad que el objeto de mis amores consideraba la ideal para una mujer. En esa época hubiera dado lo que fuera por tener cuarenta años para poder ser todas esas cosas que me aseguraran su atención y su amor. Interesante, sensual, la mujer perfecta. Pero el tiempo estaba en mi contra, me faltaba mucho para llegar ahí y con mis doce años sólo era un proyecto de mujer que se debía conformar con que él le pasara la mano por la cabeza en un acto paternal.

Dicen que el primer amor siempre deja huella, pero en mi caso no sólo fueron esas emociones de una intensidad abrumadora. Quedé para siempre con la impresión de que los cuarenta eran una edad maravillosa para la mujer y con la idea, quizás absurda, de que en el momento en que los cumpliera me volvería interesante. Pero no contaba con que lo de interesante viniera empaquetado con unas gafas para ver de cerca y la disminución de uno de mis sentidos. Eso no estaba entre mis planes porque las palabras vejez o decadencia nunca entraron en las conversaciones de mi primer amor. Lo que debía era florecer, no envejecer.

Además vivía en un mundo diferente del que les tocó vivir a mis abuelas y a mi madre. Los cuarenta habían dejado de ser el principio del fin de la vida para una mujer. Por eso, llegar a una edad que a la mayoría de las mujeres les crea caos emocional fue la realización de un sueño de amor de la juventud y la ilusión de haber arribado a una etapa que para la mujer del siglo XXI equivale más a un inicio que al final de la existencia. Agradecía ser parte de una generación para la que el mito de la edad había dejado de ser sinónimo de negación a la vida. Y digo negación, porque la historia de las mujeres que me precedieron apuntaba a que la madurez venía acompañada de la aceptación de un destino, de la conformidad y hasta de la resignación ante una edad que gritaba a los cuatro vientos que ya nada más podía pasar. Todo lo que se pudo haber hecho se hizo, y sólo quedaba esperar más de lo mismo.

Por lo menos eso es lo que vi en la historia de mi familia. Mi abuela Rosa quedó viuda en los inicios de sus cuarenta y con su viudez se le acabó no sólo la vida como la conocía, sino la vida en general. Se vistió de luto, se sentó en un mecedor y, años después, sigue acumulando los lutos de otros familiares sentada en el mismo sitio porque la opción de volverse a casar y de salir a trabajar para darle un sentido a su existencia no existían para las mujeres de su época. Y aunque mi abuela Aura no enviudó joven, la verdad es que sus cuarenta tampoco es que le trajeran ningún cambio significativo. Siguió haciendo más de lo mismo, cuidando de mi abuelo, cocinando como los dioses, esperando nietos y dedicada a gozar de lo que ya había sembrado. Era época de recolección no de siembra, y mucho menos de considerar la posibilidad de volver a empezar.

Mis cuarenta eran distintos, llegué a esa edad con las mismas ilusiones que podría haber tenido una adolescente gracias a una liberación femenina que me dio la oportunidad de ser y hacer lo que quería, lejos de los dogmas preestablecidos que siguieron mis abuelas. Para empezar, ni mecedor tenía por lo que mecer el luto de un divorcio a los treinta años nunca fue una opción. Para mi generación, la viudez no implicaba un hombre muerto, sino más bien la muerte del amor, y por lo tanto no tenía sentido vestirse de negro, ni vivir llorando a un tipo que por su condición de vivo es difícil de idealizar. Al fin y al cabo, dicen por ahí que no hay muerto malo, novia fea, ni ex bueno. Y como mi luto entró en la categoría de "ex", la idea de guardarle la espalda, llorarlo de por vida, y esperar a que nos volviéramos a reunir en el cielo, no era mi sueño. Si no pude vivir con él en la tierra, quedaba clarísimo que un reencuentro, por muy celestial que fuera la cosa, no iba a cambiar aquello de la incompatibilidad de caracteres.

Por eso, contrario a lo que hizo mi abuela Rosa cuando se enfrentó a un destino distinto al que había planeado, yo continuaba en la búsqueda del amor. Mi vida no se acabó porque el hombre hubiera salido de mi existencia, sino que se convirtió en un nuevo empezar. Tampoco me encontraba en la situación de mi abuela Aura o de mi mamá a la misma edad. No tenía un marido, ni unos hijos a los cuales dedicarme, por lo que mi mundo estaba lleno de sorpresas, de incertidumbre, de un futuro desconocido donde no tenía nada asegurado.

Y con asegurado también me refiero a la parte económica. Al no tener un marido que me mantuviera, también vivía en la búsqueda constante por la realización profesional y económica, algo ajeno a todas aquellas que nunca trabajaron ni tuvieron que preguntarse con qué pagarían la hipoteca el próximo mes. Y aunque admito que esta es quizás la parte menos atractiva de mi situación, no puedo dejar de agradecer el hecho de que a los cuarenta años, en vez de estar instalada en la estabilidad, sea una mujer a la que la vida apenas le está empezando a pasar.

Me hacía ilusión pensar que mis antecesoras no tuvieron las oportunidades que yo estaba teniendo, que en mi caso la llegada a una edad considerada difícil para una mujer tenía connotaciones positivas. Y me encantaba pensar que no sólo estaba en la plenitud y en el momento ideal, sino que además la vida se me presagiaba llena de sorpresas.

Era una cuarentona feliz, que escogió una profesión que florecía con la edad, que seguía esperando el amor de su vida, que se sentía en el momento mágico en que la madurez se une a la juventud, y que vislumbraba un futuro cargado de posibilidades. No, yo no era como las mujeres de antes, resignadas a un destino ya elegido, consumado y vivido hasta el cansancio. Tenía las mismas ilusiones de mi juventud, ahora cargadas de experiencia, vivía en un mundo en el que las mujeres trabajaban, se realizaban profesionalmente. Además, físicamente todavía todo estaba en su sitio porque la ley de la gravedad apenas empezaba a ensañarse en mi contra, y cientos de divorcios que se daban cada año abrían un mercado gigantesco de prospectos de pareja para mi vida amorosa. Entonces, ¿qué hacía usando las gafas de mi mamá? No lo sabía, pero lo único que me quedaba claro era que el día que cumplí los cuarenta, a las siete en punto de la noche, mi visión se nublaba.

De pronto, ya esto de los cuarenta no estaba teniendo las mismas connotaciones. Sí, no era una cuarentona como las de antes, pero al mismo tiempo esto implicaba que no tenía la menor idea de cómo se hacía para ser como las de ahora. Para mis abuelas y mi madre no existieron las opciones, no se cuestionaron, no se enrollaron, porque la cuestión fue tan simple como que todo esto era parte del ciclo de la vida. De una vida que seguía su curso dentro de unos esquemas establecidos donde no existían las dudas y las incertidumbres. Formaban parte de una generación que no tuvo crisis, eso era terreno masculino, y cuando los maridos se volvían locos, las esposas se dedicaban a ignorarlos hasta que volvieran a su cauce. La cosa no pasaba a mayores y ellas continuaban su existencia como la tenían prevista a no ser que se les metiera un maldita sea en el camino.

Preguntas como ¿Qué he hecho con mi vida?, ¿qué quiero hacer con ella a partir de ahora?, ¿estoy en el camino correcto?, ¿soy feliz? ni siquiera les pasaron por la cabeza. Qué iban a hacer si ya lo que tenían que hacer lo habían hecho e iban a continuar haciendo lo mismo. Si el camino era el correcto o no les daba igual. Era lo que habían elegido y se suponía que no, tenían más opción que esa. Las decisiones importantes en la vida, casarse, tener hijos, se tomaban en la juventud. La felicidad venía de cosas exteriores, de una estabilidad económica, de unos hijos sanos, de un marido responsable. Ser feliz no tenía nada qué ver con un estado emocional. Definitivamente, esto de llegar a los cuarenta como primera generación después de la liberación femenina implicaba no tener un manual para seguir. Y lo que es peor, tampoco un modelo porque mi mamá no me servía de mucha ayuda.

—Mami, ¿dónde estabas tú a los cuarenta?

—¿Cómo que dónde estaba? Aquí en mi casa, con tu papá, con ustedes.

—No, me refiero a dónde estabas emocionalmente. A si sentiste la crisis...

—¿Cuál crisis? La menopausia. No, yo esa ni la sentí. Ni cuenta me di.

—No, la crisis. Esa que da a la mediana edad y donde empiezas a preguntar por el sentido de tu vida.

—Ya vienes tú con tus inventos. Es más, ni te queda bien porque si hay algo que has hecho desde chiquita es querer llegar a los cuarenta. Te has declarado desde antes

17

de cumplirlos una feliz cuarentona y ahora resulta que vas a entrar en crisis. ¿Qué te pasó?

—No te imaginas, no veo. Sí, no veo. Me puse tus lentes y me quedan casi bien, es más, estoy a quince minutos de que me queden a la perfección. Se me nubló la vida.

—Déjate de boberías. Las cosas se toman como vienen y eso es parte de la edad.

—Precisamente, me estoy poniendo vieja. No más interesante, no más esplendorosa en la madurez, vieja.

—No, la vieja soy yo que tengo una hija cuarentona y no sé en qué momento las dos nos volvimos viejas, como dices tú.

—Por eso vuelvo y te pregunto con tu experiencia, ¿cómo fueron tus cuarenta?

—Mi vida, en tus propias palabras "sentada en la cultura de la sumisión y el aguante". Algo que a ti no te va a pasar. Eran otros tiempos. Y devuélveme mis lentes, por favor.

Era un hecho, estábamos compartiendo los mismos lentes, pero no podíamos compartir experiencias. Sí, mi mamá tenía razón. Mi abuela llegó a los cuarenta sentada en su mecedor y mi madre los vivió sentada en una cultura que durante mi generación perdió vigencia. Y aunque ella sí podía decirme cómo fue, sus experiencias no me servirían de nada.

Si recordaba a mi mamá a esa edad, me encontraba con una mujer con hijos adolescentes, disfrutando de una estabilidad económica conseguida a través de los años por un marido trabajador y exitoso. La única novedad en su existencia era el síndrome del nido vacío. Ya sus hijos mayores estaban a punto de entrar en la universidad y empezaba una nueva etapa en la que terminó de criar y educar para dedicarse a recolectar el fruto de todos esos años de entrega. Yo ni siquiera había terminado de sembrar. Es más, tenía la sensación de que seguía arando y a duras penas había logrado sembrar una que otra semilla.

Y no es que yo sintiera que estaba atrasada en esto del tiempo de la cosecha. Simplemente era parte de la generación del cambio. Mujeres a las que les tocó vivir una vida completamente diferente a la que vivieron nuestras antecesoras. En mi caso, yo parecía un muestrario ambulante de estos cambios y, lo que es peor, elegí serlo.

Sí, los modelos de familia y de pareja habían cambiado y esta nueva generación descubrió que "el hasta siempre" significaba hasta que dure. Y sin querer queriendo fui parte de las que entraron en las estadísticas del divorcio con un no duró para siempre. Por otro lado, si las mujeres empezaron a cuestionarse la maternidad como parte de su identidad personal, este personaje que escribe decidió que ser madre no era su camino. Y si las mujeres salieron a formar parte del mundo laboral convirtiéndose en abogadas, doctoras y economistas, de alto turmequé, yo había escogido una profesión poco usual. En ninguno de los nichos de la existencia de un ser humano cumplía con los patrones preestablecidos. Por supuesto, el resultado del inventario de mi existencia a los cuarenta años no se acercaba, ya ni digamos que al de mi madre, sino que tampoco al normal de la existencia de una mujer común y corriente. El cambio generacional yo lo había llevado a los extremos y cuando uno llega a ese punto es muy difícil encontrar patrones o modelos que seguir.

Tenía a mi favor que en el contexto generalizado de las cosas existía un cambio de actitud hacia las cuarentonas. Sí, no todo el mundo estaba divorciado a esa edad o había decidido no tener hijos o estaba obligado a trabajar ya sea por razones económicas o por la necesidad de realizarse profesionalmente. Pero alguna de estas situaciones formaba parte de sus vidas. Yo me las adjudiqué todas, pero en el mundo moderno, la gran mayoría de mujeres cojeaban de alguno de esos lados. La historia cambió y para todas.

Por eso llegar a los cuarenta en pleno siglo XXI implicaba un cambio que incluye algo que no tuvieron las mujeres de antes, la incertidumbre. Ellas llegaron a esa edad llenas de certezas. La certeza de un matrimonio que fuera bueno o malo, no importaba, iba a durar toda la vida. La certeza de que su labor y su trabajo estaban llegando a su final y podían soltar las riendas de unos hijos que empezaban a buscar su propia vida y la certeza de que ya no tenían nada que demostrar a los demás, ni a sí mismas. Era un punto de llegada, no de salida.

Mi generación la única certeza que tiene es la de no saber qué va a pasar. Ninguna mujer hoy en día tiene asegurado el matrimonio sin importar los años que lleve casada. La paz y la tranquilidad de que gozaron nuestras abuelas ante un futuro que se les desvelaba sin ningún tipo de problemas, quedó atrás. Y aquí estaba el meollo del asunto, estaba llegando a los cuarenta llena de preguntas, no de certezas. Por eso, mi señora madre no entendía mis cuestionamientos y mucho menos esta ansiedad constante que vivimos las mujeres ante temas como las relaciones, los hijos, la búsqueda de la realización profesional y hasta una recién adquirida obsesión por detener el paso de los años.

Y es que a los cuarenta, encerradas en relaciones que ya llevaban su tiempo, las mujeres de antes asumían una actitud de personas maduras. Se vestían, actuaban y pensaban de acuerdo con su edad. Todavía recuerdo a las amigas de mi mamá cuando nos llevaban a la playa. Usaban trajes de baño enteros porque lo del bikini era para jovencitas y el hilo dental en esos tiempos se limitaba a la higiene bucal. Sólo dos de ellas osaban usar bikini y todavía hoy las recuerdo como unas avanzadas mientras que mi mamá consideraba eran mujeres negadas a la realidad de una edad que no daba para esos trotes.

A mis cuarenta todavía vestía bikinis y hasta uno que otro hilo dental dependiendo de la confianza que tuviera con los acompañantes. Es más, en mi clóset no existía ni un traje de baño de una pieza, pero sí estaba lleno de pantalones vaqueros, prenda que nunca han usado ni mis abuelas ni mi mamá. Para ir más lejos, no he visto nunca en mi vida a mis abuelas ponerse otra cosa que no fueran faldas y hasta el día de hoy me divierte que las combinaciones que ellas usan debajo de sus vestidos son muy parecidas a las que yo me pongo para ir a una discoteca. Pero es que tampoco a discotecas fueron mis abuelas y mi mamá dejó esos menesteres cuando se casó, tuvo hijos y dejaron de llamarse algo así como *Boats*. Se consideraba a sí misma una dama de sociedad que no podía estar dando saltos en un antro como si fuera una jovencita. Eso no se veía bien y el qué dirán era de vital importancia para ellas.

Existía un código implícito de lo que debía ser una cuarentona que incluía todos los ámbitos de la vida. En él, no entraban los desafueros, ni las preguntas, ni los cuestionamientos, ni los cambios. El único cambio significativo que se les presagiaba era la menopausia, que en cierta forma implicaba un poco más de lo mismo. El final de la siembra y el inicio de la recolección. Nunca conocieron el famoso reloj biológico porque para cuando llegaban a esa edad en que el tic tac del reloj podía detonárseles ya habían tenido todos los hijos que querían, y que no querían, antes de llegar a los treinta. Por lo que la temida menopausia era un alivio y no un constante recordatorio de que el tiempo estaba en su contra. Y es que para ellas el tiempo nunca estuvo en contra porque ya habían cumplido con todo lo que se suponía debían hacer en la primera etapa de la vida.

2

Menopáusica emocional

No sé si exista este término en los anales de la medicina y la sicología, pero no me importa porque a estas alturas del partido casi todo me lo estoy teniendo que inventar y estoy segura de que soy víctima de la menopausia emocional. Y por supuesto me refiero a la menopausia como un concepto que nos recuerda que el tiempo se nos acaba y que si no usamos los óvulos que nos quedan las oportunidades de engendrar se esfumarán en cualquier momento. Pues en el caso de la existencia, los óvulos pasan a ser el equivalente a los sueños, los logros, las expectativas, y todo aquello que deseamos engendrar en la vida, y que el paso del tiempo amenaza con liquidarnos. Y como en cualquier menopausia, los síntomas del cambio nos caen encima sin previo aviso.

De entrada estoy convencida de que mi memoria hizo un traslado corporal y del cerebro se ha instalado en mi trasero. Es la única explicación lógica que le encuentro al hecho de que cuando estoy sentada y pienso en algo que tengo que hacer, en el momento en que me levanto para llevarlo a cabo, se esfuma de mi cabeza el propósito. Pero si me vuelvo a sentar, la memoria funciona de forma infalible y recuerdo perfectamente lo que iba a hacer. Debo admitir que la idea de que mis recuerdos se hayan empezado a almacenar en mi retaguardia no es tan mala. Con un trasero tan grande como el que cargo a mis espaldas no existiría computadora, ni la más avanzada, que se le pudiera medir a la capacidad de memoria que yo podría albergar. En cierta forma, es el equivalente a eso que decían en mi época de ciertas mujeres que el único encanto que portaban estaba atrás: "tiene cara de trasero, pero un trasero que saca la cara por ella". Yo tenía la más firme esperanza de que mi trasero empezara a sacar la cara por mí en cuestiones de memoria.

Pero no, la memoria a esta edad, es como el período de cualquier menopáusica, viene y se va a su antojo amenazándonos constantemente con un final en el que no seremos capaces de engendrar ningún recuerdo.

—No es tan grave —me dijo una amiga—, es el Alzheimer. Ese alemán que nos tiene loquitas a todas. Un mal de la vida moderna.

—Pues vaya forma de modernizarnos a estas alturas de la vida. Y a mí sí me preocupa. No sé dónde tengo la cabeza.

—Pues el otro día leí en un libro que lo mejor para eso es empezar a asociar las cosas.

—¿Asociar?

—Sí, por ejemplo, si tienes que comprar leche. Esa mañana visualizas la vaca antes de salir de tu casa, te imaginas todo lo que tenga que ver con la vaca, el toro, el potrero, y de esa manera recordarás que tienes que comprar leche.

—¿Me quieres decir que yo, que no me acuerdo ni de comprar la leche me tengo que acordar de todas esas cosas para poder comprarla?

—Bueno, eso es lo que dicen y si no toma Gingko Biloba. Es lo que recomiendan para recuperar la memoria.

Ahora sí esto tenía sentido. Una medicina que pone a funcionar mi memoria. El fin de mis males empastillado en un frasco. Con tres que me tomara al día en cada comida, eso decían las instrucciones, recordaría hasta mi vida uterina. Tenía mis dudas, ¿si era tan buena y efectiva por qué no se ha convertido en "El" descubrimiento? ¿Por qué la mayoría de los mortales continúan con la cabeza perdida?

La respuesta me llegó a la semana de tenerla en mi casa. Y digo tenerla porque la realidad es que se me olvidaba tomarla. Sí, me tomaba la pastilla de la mañana, el único momento en el día que tengo una rutina, pero como que la dosis no era suficiente para que recordara que debía tomarme las otras dos. Definitivamente esta medicina mágica para la memoria, en mi caso, se convirtió en una maldición. Ahora resulta que me pasaba todo el día intentando recordar si me la había tomado o no. El colmo de los colmos, a todo lo que ya no recordaba se le agregaba el intentar recordar si ya había consumido la cápsula que se suponía me iba a ayudar a recordarlo todo.

El Gingko Biloba no funcionó y no tenía necesidad de que la pastilla para la memoria fuera la encargada precisamente de recordarme que no contaba con ella para nada. Decidí, entonces, echarle mano a aquello de la asociación. Al fin y al cabo, en cierta forma, era una técnica que me había servido en otras situaciones. Debo confesar que esto de la memoria, sobre todo cuando se trata de números, nunca ha sido mi especialidad. Por eso, para aprenderme los teléfonos, una de mis grandes deficiencias, los asocio con fechas.

Por alguna razón que desconozco si me decían 1975, nunca me lo aprendía viéndolo como diecinueve siete cinco, pero sí pensaba que era el año que murió Francisco Franco, el dictador español, ¡bingo! no se me olvidaba nunca más.

Y es que en esto de la memoria había entrado en el inefable mundo de la dimensión desconocida. No tenía memoria para las cosas necesarias e importantes, pero sí era portadora de un archivo de pendejadas gigantesco. De una cantidad de información que no me servía para absolutamente nada, pero que venían a mi memoria las necesitara o no. ¿Cómo se explica que el nuevo teléfono de mi hermana no se me grabe, pero que la fecha en que murió un dictador que ni me va ni viene, 20 de noviembre de 1975, la tenga guardada como tesoro? Ni que fuera hija o nieta del tipo, ni que hubiera heredado. Ni española era, como para que su muerte me hubiera cambiado la vida.

Pero no podía negar que eso de la asociación me funcionaba muchas veces, por lo menos en lo que se refería a números. No perdía nada con intentarlo en otras áreas. Y es que últimamente, lo de los nombres no se me daba de a mucho. Si recibía una llamada de alguien desconocido más me valía escribir el nombre inmediatamente, porque si no pasaba toda la conversación sin saber con quién carajos estaba hablando. Y ya hasta conocer gente nueva se convertía en una tortura a pesar de seguir técnicas que los libros y expertos consideraban infalibles. "Repita el nombre de la persona mentalmente cuando se la presenten y en el momento en que le dé la mano diga "mucho gusto, y el nombre de la persona para que quede grabado en su memoria".

Pues lamento mucho informarles a estos expertos que no todas las memorias funcionan igual a la hora de almacenar información. Por lo menos la mía, que si está distraída intentando recordar los pasos a seguir, no puede al mismo tiempo recordar nombres. En eso parezco hombre, no puedo hacer dos cosas al mismo tiempo, mi cerebro no me da, y con recordar los pasos mi masa cerebral se da por bien servida y es incapaz de realizar cualquier otra labor por insignificante que sea.

Por eso, lo de la técnica de asociación me parecía tan interesante. La había usado antes en cuestiones numéricas y en cierta forma me funcionaba aunque no fuera tan infalible. El siguiente viernes me dio el marco ideal para poner en práctica mi nueva arma contra este terrible mal de la memoria dispersa. Llegué a la cena y no conocía a la nueva novia de uno de mis amigos. Me fue presentada como Carolina. Con una seguridad abrumadora me dije a mi misma: "Carolina, como la princesa de Mónaco". Asunto arreglado. Con esta recién adquirida seguridad pasé unas horas muy agradables y Carolina y yo hasta nos habíamos convertido en casi amigas.

—¿Puedo saber por qué llevas toda la noche diciéndole a Carolina, Estefanía? —me dijo una amiga con voz de "estás metiendo la pata hasta la cadera".

Lo único que quería era que me tragara la tierra. Qué vergüenza. No me di cuenta de que para esto de las asociaciones más nos vale que sean hijos únicos, porque el error de Carolina era que en Mónaco tenía una hermana llamada Estefanía y no conté con que mi memoria, además de estar volviéndose obsoleta, necesitaba de información más precisa tal como la princesa mayor o la que no tiene la vagina tan inquieta. Eso sí, había descubierto que la vergüenza era el camino más seguro para recordar. No he olvidado el nombre de Carolina aunque dejó de ser la novia de mi amigo, y él ya hasta se casó con otra. Es más, en este momento no logro recordar cómo se llama la nueva esposa, pero Carolina pasó a ser parte de mi archivo de pendejadas. Nadie se acuerda de ella, pero cada vez que viene a colación por cualquier cosa, ya sea que alguna de nosotras se la encontró, o recordamos el cuerpazo que tenía, ante la pregunta ¿se acuerdan de la chica esta que salió un tiempo con Gustavo? Mi memoria muy orgullosa salta con un "claro, Carolina", dejando anonadados a todos con una información que no nos sirve para absolutamente nada.

—Es la edad —me dijo mi hermana Soqui—. ¿No ves a mis abuelas? Tienden más a recordar el pasado lejano que lo que sucedió ayer. Y sí, sería mucho más importante que se acordaran del nombre de su nueva bisnieta que del señor que iba a comprar en la tienda cuando eran jóvenes, pero es parte de la vejez.

—Pues sí debe ser la edad porque he llegado a la conclusión de que yo pierdo el mismo número de palabras al día que gana nuestra sobrina Carolina a sus módicos año y medio. Si Carolina se aprende cuatro palabras nuevas diariamente a mí se me olvidan el equivalente.

Esta información o deducción de que el problema radicaba en la edad no me ayudaba de a mucho. Primero porque mis abuelas son octogenarias y se vale que la memoria sea parte del proceso de deterioro normal de la edad senil. Y si a mis cuarenta ya empezaba a tener la memoria de una mujer de ochenta, me esperaba una vejez desmemoriada en la que seguramente no iba a saber quién era ni dónde estaba parada. Y es que para colmar el mal de la falta de memoria inmediata, yo tenía la pequeña deficiencia que tampoco era muy capaz de recordar el pasado. Cuando me sentaba con mis hermanos a hablar de nuestra niñez muchas veces tenía la sensación de que yo no había sido parte de ella. Ellos traían a colación situaciones, personas, y hasta perros, que yo no recordaba hubieran sido parte de mi vida. Cada vez que los escuchada decir: "Rosy, pero ¿cómo es posible que tú no te acuerdes de eso?" me sentía como una discapacitada mental porque la realidad era que no lograba ubicarme en la situación y mucho menos en el tiempo del que ellos me hablaban. Me excusaba a mí misma diciéndome que no era tanto un problema de memoria sino de impresiones. Al fin y al cabo, la gente tiende a recordar las cosas que las han marcado, que las impresionaron, que les dejaron huella. Por lo que consideraba que muchas de las cosas que mis hermanos recordaban nítidamente y yo no, tenían que ver con el hecho de que para ellos fue importante, pero para mí no. Empezando por los perros, nunca les he encontrado gracia a los animales, ni he entendido el amor profundo que la gente puede llegar a sentir por ellos, entonces, ¿por qué tendría que recordarlos?

Sin embargo, debía admitir que mi problema iba mucho más allá porque tampoco es que mis años de juventud se me vinieran a la memoria con gran facilidad. Y he sido tan consciente de mis debilidades recordatorias que de las cosas que envidio y admiro es a la gente capaz de recordar cada detalle de sus vidas y la de los otros. De mi época de colegio recuerdo algunas cosas, pero muchos nombres y caras se han esfumado. Y ni hablar de la universidad, que como fue en inglés, aparentemente mi memoria decidió que bastante tenía con tener que recordar en español para meterse con otros idiomas, y es una parte de mi vida que a duras penas recuerdo. Por eso, los reencuentros con mis amigas de la juventud para mí son fascinantes y nuevos. Lo que para la mayoría de la gente se convierte en un intercambio de recuerdos, para mí es un rescatarlos, volverlos a atraer a la memoria y hasta vivirlos por primera vez. En cierta forma mis amigas se han convertido en mi pasaporte seguro hacia un pasado que no sé en qué parte de mi cerebro lo archivé o que simplemente borré para poder almacenar otras cosas que me han pasado y que me parecían más interesantes.

Ni los galanes se salvan de esta memoria que tiende más al reemplazo que al almacenamiento. En la medida que pasa el tiempo, he ido borrando a algunos para hacerle hueco al recuerdo de otros y a no ser que hayan formado parte de una relación larga es como si no hubieran existido. Si alcancé a presentárselo a los amigos y la familia, tengo asegurado que por lo menos el recuerdo lo guardan otros. Pero si omití hablar del tipo, con seguridad pasará a los anales del olvido. Es el caso de Diego. ¿Quién es Diego? Pues es lo mismo que me pregunto desde que encontré unas notas maravillosas y poéticas que me enviaba y las cuales descubrí el otro día en uno de mis ataques de limpieza profunda. Por supuesto, el episodio de Diego ha pasado a ser el equivalente de uno de esos comerciales de televisión donde se busca a alguien que desapareció sin dejar pista. Vivo preguntándole a todos los que me rodean si lo recuerdan y ante el *no* rotundo, me entra una angustia horrorosa por recuperar el recuerdo. ¿A dónde se fue el recuerdo de Diego? ¿Será que existe un archivo especializado en galanes que no dejaron huella? De ser así, ¿cómo se recupera por aquello de la paz mental y no sentir que el Alzheimer es evidente? Hasta ganas le dan a uno de colocar el nombre del galán en algún lado para que aparezca y saber quién es. Sí, así como en Estados Unidos los niños perdidos se buscan poniendo sus fotos en los cartones de leche por si alguien los ha visto dé información; en el caso de nosotras se podría recurrir a algo parecido. Por supuesto, ya no estamos en edad de leche, pero considero que las botellas de vino son una buena opción. El problema radica en que no tengo ni la fecha de entrada y mucho menos de salida del tipo en mi vida y, lo que es aun peor, si aparece no sabría qué hacer porque no se trata de encontrarlo a él sino más bien de recuperar un recuerdo. Al final, no me queda más que concluir que en el caso de Diego lo que me llamó poderosamente la atención fue su capacidad para escribir porque ya desistí de romperme la cabeza y preguntarme hasta el cansancio; ¿quién era Diego?

Esta es quizás la razón por la que soy tan fanática de las biografías, no tanto por las historias que cuentan, sino porque me impresiona mucho que la gente sea capaz de recordar tanto y con tanto detalle cada momento de sus existencias. Es más, muchas veces he llegado a pensar que son unos mentirosos y que la mitad de las cosas se las inventaron. Por eso me encantó que Gabriel García Márquez, en su biografía *Vivir para contarlo*, empezara diciendo que "la vida no es la que uno vivió, sino la que uno recuerda y como la recuerda para contarla". Palabras mas o palabras menos, Gabo nos deja entrever que uno no puede fiarse de los recuerdos, que no son tan fidedignos como creemos, y que a la hora de recordar, la memoria no es de mucho fiar. El premio Nobel de Literatura salva su pellejo desde el principio dejándole saber a sus lectores que esa es la forma como él recuerda los hechos y que esto no implica que así hayan sucedido.

Alivio total para mis inseguridades porque si Gabo podía recordar literalmente todo lo cuenta en ese primer tomo que pesa más que un matrimonio y que sólo es la primera parte de su existencia, era para darle otro Nobel esta vez por su labor recordatoria. Pero, aparentemente, él también considera que la memoria es para dudarla. Y es que no sólo dudo de la mía sino que además vivo poniendo en entredicho la de los demás. Cuando veo en televisión esos juicios contra artistas o personajes importantes, me pregunto cómo son capaces de recordar los testigos que tal persona les dijo lo que les dijo palabra por palabra. ¡Por favor! Si fue algo que ocurrió hace dos años, o tres meses, o una semana, me da igual. No creo que sea cierto que se pueda recordar una conversación literalmente como afirman estas personas. Admito que sí es posible que recuerden lo que pasó, teniendo en cuenta que lo que uno recuerda de una manera, otra persona lo puede recordar de forma diferente. Pero que me vengan a decir que son capaces de almacenar una conversación con puntos y comas, no. Ese cuento no me lo trago porque además la vida me ha enseñado que la gente cuando escucha lo hace de forma distinta y lo que uno dice se recibe dependiendo de la personalidad, actitud, miedos, inseguridades, y hasta debilidades, de la persona que nos escucha.

Tampoco me tragué mucho la explicación que me dio una sicóloga alguna vez sobre mis problemas de memoria. Según la sicología, la gente tiene un mecanismo de defensa desde la niñez para olvidar o borrar las situaciones dolorosas. Cosa que es cierta y que considero hasta el día de hoy uno de los mecanismos de defensa maravillosos con los que cuenta el ser humano. Pero en mi caso, valga la redundancia, no venía al caso. Recuerdo perfectamente las cosas duras que me han pasado y muchas de ellas hasta las he trabajado para ponerme en paz, pero no veo la razón para que este mecanismo se me detone ante el recuerdo de un perro que se comía la reclinomática (léase *antiguamente silla que se recostaba*) de mi papá y que a pesar de que me han dicho su nombre cien mil veces sigo sin archivarlo. Ni que fuera la reclinomática para que me doliera el recuerdo. No, la explicación para mí es más simple y sencilla. Así como hay gente que no tiene sentido del humor o gusto, yo llegué a este mundo con problemas de memoria. La diferencia aquí radica en que la mayoría de la gente considera que sí tiene buen gusto y sentido del humor, pero en el caso de la memoria ella misma se encarga de recordarnos que adolecemos de ella.

Esta teoría me fue corroborada nada menos y nada más que por el doctor Kandel, ganador de un premio Nobel precisamente por sus estudios sobre la memoria. Según este científico, no todo el mundo tiene la misma capacidad para recordar y la memoria forma parte de las habilidades o talentos de un ser humano. Sí, los seres humanos nacemos con una capacidad para recordar que varía y que no es la misma para todos. Así como hay gente a la que se le facilita pintar y tiene talento para el dibujo, están los que llegaron a este mundo con la maravillosa habilidad de la memoria. Son capaces de recordar y de almacenar información con gran facilidad mientras que para otro sector de los mortales pintar o recordar no son precisamente parte de sus atributos. Por eso para el doctor Kandel todos los consejos que recibimos, las medicinas que dicen mejorar la memoria, y hasta los nuevos campos que se han inventado los americanos donde uno se recluye para aprender a recobrarla, son obsoletos. Lo único que prueban es que es un mal generalizado y que la gente está desesperada con las lagunas mentales que los aquejan diariamente. Y si hay que estar muy desesperado para irse al equivalente de un campo de verano, encerrarse un mes con una cantidad de desconocidos a que un gurú de la memoria nos diga cómo hacer para recordar. Pero es que en esto los americanos son los reyes para inventarse fórmulas para todo lo que consideran no les está funcionando. Y lo que es peor, para creer en todos estos aparecidos que se hacen millonarios vendiendo fórmulas que van desde cómo hacerse rico, hasta la clave para ser totalmente felices. Al final los que se hacen ricos y terminan felices de la vida son los gurúes. El resto de la humanidad, a pesar de sus consejos, sigue siendo igual de pobre e infeliz, si tenemos en cuenta además que perdieron su dinero en fórmulas que no les funcionaron.

Por el contrario, los descubrimientos de Kandel apuntan a que la memoria se puede ejercitar con cosas como leer mucho y hacer crucigramas, pero esperar que alguien que nació con poco talento para recordar logre convertirse en el rey de la memoria es una utopía. El equivalente a que una persona con mal gusto se convierta por medio de una pastilla o de un manual de instrucciones en Coco Chanel de un día para el otro. Puede mejorar, claro que sí, pero no se pueden esperar peras del olmo.

Y es precisamente por ser una persona que ha sufrido de este mal toda su vida, que esta nueva y recién adquirida habilidad para olvidarlo casi todo me ha caído encima como una sentencia. No es para menos, corro el riesgo de convertirme en una mujer sin pasado, sin presente, y sin futuro (por aquello de que no lo tenemos) y al final con la imaginación que me cargo voy a terminar dudando mucho de si las cosas en realidad me pasaron o si me las estoy inventando.

—Yo creo que tiene que ver mucho con la vida moderna —me dijo Flavia, mi amiga—, tenemos demasiadas cosas en la cabeza.

—Pues tienes razón. Nuestras abuelas se limitaban a la casa, el hogar, los hijos, pero sin tanto movimiento. En esa época los hijos iban al colegio y ya. Ahora ustedes viven en un lleva y trae a clases de fútbol, de karate, de ballet, y para las que trabajan la cosa es peor. Son demasiado pendientes.

Esta era una buena explicación para un mal que nos estaba aquejando a todas las cuarentonas. Aparentemente, el cerebro que se desarrolló en la época de las cavernas donde todo era más tranquilo y más lento, no está pudiendo con la rapidez de la vida moderna y no es capaz de almacenar tantas cosas. Sin ir más lejos en la historia, un periódico como el *New York Times* tiene en una sola edición mucha más información de la que recibía una persona en el siglo XVII en toda su vida. No es de extrañar, entonces, que los cerebros modernos sobrecargados de trabajo empiecen a borrar para poder archivar las nuevas experiencias. Y como en esto la

37

naturaleza no es tan sabia, y tampoco muy organizada que digamos, dicen los científicos que el pobre cerebro sufre un corto circuito que lo lleva a borrar a diestra y siniestra sin tener en cuenta prioridades.

Para colmar los males, al problema de un cerebro que tenemos sobrecargado hay que agregarle que las hormonas, los neurotransmisores y otros químicos que ayudan a que exista un balance y tendamos más hacia la cordura, también tiran la toalla. El estrógeno, la progesterona, y los andrógenos empiezan a fallarnos y con ellos se llevan entre las patas nuestra memoria, percepción visual, control emocional, habilidades verbales, y hasta la capacidad motriz. Pero si hay que buscar un culpable hormonal, sin lugar a dudas el ganador es el famoso estrógeno, ese que nos hacía tan femeninas, dulces, conciliatorias, comprensivas, consentidoras, y que sin motivo aparente decide jubilarse o, mejor dicho, trabajar cuando le da su real y santa gana. Según la sicóloga de la salud Claire Warga, a esta hormona le debemos los problemas de memoria que empiezan a aquejarnos y la falta de concentración. Y precisamente por la indecisión en que vive de no saber si dejar de trabajar del todo, nos mantiene en un sí pero no constantes. Como quien dice, vamos rumbo a convertirnos en hombres. Al fin y al cabo, todos estos síntomas son para ellos el pan nuestro de cada día. No gozan de la mejor memoria del mundo, ya que olvidan aniversarios, cumpleaños, promesas y compromisos con una facilidad envidiable, no pueden concentrase en más de una cosa a la vez y por eso parecen autistas cuando ven el fútbol, son incapaces de encontrar lo que tienen enfrente de sus narices, y de las habilidades verbales ni hablemos, porque si por algo brillan, es por su ausencia. ¡Qué horror! El estrógeno se me está pareciendo mucho a un espíritu burlón que se nos mete en el cuerpo convirtiéndonos en todo lo que hemos criticado y odiado de los hombres.

Pero independientemente de que mi destino pueda ser el de tener rasgos masculinos, que espero no incluyan el bigote y la acumulación de grasa en el estómago, los estudios tanto del doctor Kandel como de Claire Warga nos explican estos males de la memoria que nos aquejan a todos y que se agravan con el estrés. Y digo que nos aqueja a todos, porque si yo he tenido mala memoria siempre para el pasado, en esto del presente ninguna de mis amigas se estaba salvando. Nuestras conversaciones estaban llegando al punto de ser peligrosas. Ante cualquier interrupción la siguiente frase siempre era la misma: ¿de qué estábamos hablando? Y Dios nos libre de que sea un chisme porque si cambiamos el tema, por aquello de no recordar de qué estábamos hablando, corremos el riesgo de confundir situaciones, personajes, y terminar levantándole un falso testimonio a quien menos se lo espera. Y es que la mala memoria nos llevaba sin ningún tipo de consideración a la confusión mental. Cualquier tipo de distracción, el teléfono celular, el niño que exige por un momento la atención de la mamá, la llegada de alguna de las otras amigas, se convierte en una pausa peligrosa.

—Pues como les estaba contando, parece ser que él se enamoró de la mejor amiga de ella y pues se le acabó el matrimonio —comenta una del grupo.

—Es que esas relaciones en donde van los cuatro para todas partes y parecen parejas pegadas con chicle siempre terminan así —dice otra.

—Yo nunca he podido entender esas situaciones porque me parecen de una traición abismante. ¿Cómo caen en eso? Está bien, nadie está libre de que se enamore de la persona equivocada, es más las mujeres somos las reinas de eso, pero si te das cuenta de que te estás enamorando del marido de tu amiga, lo lógico es que huyas —son mis palabras.

—Pues es que la pasión es tan grande que caen sin darse cuenta. Y siempre cuentan lo mismo, que si no se dieron cuenta en qué momento...

Salto como herida por una blasfemia.

—¿Cómo que no se dan cuenta? O yo soy frígida porque nunca he estado en una situación en la que llegue a la inconsciencia absoluta, o aquí hay una gran mentira. Eso no es un hueco que no viste y ¡pan!, te caíste en él. Por supuesto que te das cuenta de que te estás enamorando, que el hueco viene y que puedes evitar caer en él y salirte antes de herir a los demás.

En ese momento timbra mi celular. Lo contesto, termino la llamada y cuando regreso a la conversación las oigo decir:

—Pues aparentemente fue intento de asesinato.

Aterrada pregunto:

—Cómo, ¿lo intentó matar?

—Eso es lo que dicen —me contesta una de ellas— y fue en un viaje a Barranquilla.

—¿En Barranquilla? ¿Y qué hacía allá? Qué ¿tiene negocios con Colombia ahora? —fueron mis inquietudes.

—¿De qué hablas, Rosaura? ¿Cómo que si tiene negocios con Colombia? Es el presidente de Colombia. ¿De quién creías que estábamos hablando?

Pues bendito sea Dios, pregunté, porque en mi cabeza me quedé en la conversación anterior y ya la tipa era una asesina en potencia y el tipo por poco pierde la vida por haberse ido con la amiga. Armé una telenovela al más puro estilo mexicano y toda una historia de despecho por culpa de una llamada telefónica a destiempo. O, lo que es peor, por estar instalada en esta edad en la que la cabeza, además de no recordar y no asociar, tampoco puede lidiar con las distracciones. En cierto modo es otra forma de menopausia. Y me refiero a la masculina. Según los estudios al respecto, una de las cosas en las que a los hombres se les nota la decadencia sexual es que cualquier tipo de distracción ya sea el timbre de un teléfono, el llanto de un bebé, la caída de una rama, les baja la nota y con ella todo lo demás se va también hacia el sur. En el caso de la memoria, la caída no es tan evidente y dolorosa para el ego, pero igual uno se desinfla ante la mente en blanco, y la incapacidad para recordar qué es lo que se estaba haciendo o diciendo. Me imagino que la duda de si el momento o el pensamiento regresarán y lograremos actuar de acuerdo con nuestras necesidades debe ser la misma en ambos casos, al igual que la ansiedad por recobrar el momento o el pensamiento perdido.

A mí me gustaría saber para dónde se va ese pensamiento o ese recuerdo y si existe, como en las computadoras, un bote de basura, un archivo, algo, que uno pudiera pinchar en el momento en que marcó el teléfono para preguntarse casi enseguida ¿a quién estoy llamando? Pero es que he llegado al punto en que no sólo desconozco el funcionamiento de mi memoria, sino que además a veces siento que otra mujer se ha metido en mi cabeza y me está hasta desorganizando la personalidad.

Otra ocupa mi lugar

Por aquello de mi archivo de pendejadas me viene a la cabeza la letra completa de esa canción que hablaba de la infidelidad y de que ahora otra mujer ocupaba su lugar en la vida del hombre que amaba. Pero es que así me he empezado a sentir desde que entré a los cuarenta. Como si otra mujer se estuviera apoderando de mí y me llevara a serme infiel. Una infidelidad que se reflejaba en mis apreciaciones, en mi buena educación, en mis juicios, en mi personalidad, y hasta en mis gustos.

Ya no podía confiar en mí misma porque la otra se ha ido apoderando de mi cabeza como si fuera su casa y decidió, sin avisarme, hacer cambios y arreglos en mi hogar mental. De pronto, en mi casa aparecía el color verde, el cual no era de mi agrado, pero que sin saber cuándo ni cómo, me fascinaba. En mi nevera había yogur, antiguamente vomitivo y ahora delicia, y ya no me atrevía a asegurar "yo no como eso, no me gusta, o me cae bien", porque la mostaza ya me había dejado mal con los demás y conmigo misma. Y es que siempre la odié, pero en la última cena con las amigas el lomo en salsa de mostaza se me hizo lo máximo y lo vanaglorié ante el desconcierto de la dueña de casa que no entendía si era una redomada mentirosa por haber pregonado durante años que la detestaba y la puse en el trabajo de hacerme un pescadito aparte. De pronto, del disgusto a ciertas cosas pasé al gusto excesivo de ellas, como si estuviera cambiando de personalidad.

Pero aparentemente, esto de cambiar de personalidad cuando uno llega al cuarto piso es un mal generalizado y si a mí me estaban cambiando los gustos, muchas de mis amigas se estaban convirtiendo en unas desconocidas hasta para ellas mismas. Sin previo aviso, Claudia, la menos doméstica, la que odiaba la cocina hasta el punto de no pisar ni siquiera el supermercado y que dejaba todo lo que tuviera que ver con el ala alimenticia de su hogar en manos de la cocinera, empezó a sentir una fascinación desconocida por las recetas. Al principio simplemente las leía, sin saber cómo se encontró en el supermercado con una gran ilusión comprando los ingredientes y llevada por esa otra que ahora ocupaba su lugar, se ha convertido en una cocinera de alto turmequé. El primer aterrado ha sido su marido, quien estaba seguro de que se había vuelto loca, o que algo muy importante y costoso le iban a pedir. Tanta belleza no podía ser cierta.

Y no sólo es cierta para Claudia. Diana cambió su deporte favorito, las compras, por la flora. Las carteras Gucci y Fendi fueron reemplazadas por las orquídeas, los zapatos y las chaquetas por una manguera. Con la misma pasión que antes nombraba las mejores marcas del mundo de la moda, a los cuarenta, se sabe el nombre de cada una de las plantas de su patio y disfruta de la salida de una flor de la misma forma que antes se emocionaba con la nueva colección de primavera de Chanel. Ella, que ha sido la más fiel exponente de aquello que dice "mujer que no gasta marido que no progresa", cambió Saks por los víveres para alegría del bolsillo de su esposo y para el aterre de todas sus amigas que

43

ni opinar podemos ya que aquello de la flora y sus nombres no es de nuestra especialidad.

Lo más increíble de estos cambios no es el descubrimiento de nuevas aficiones o el recién adquirido gusto por lo que antes detestábamos, sino el hecho de que aparentemente eran habilidades que estaban allí, talentos dormidos o invernando y que de pronto afloran sin que sepamos de dónde salieron. Porque una cosa es que uno decida dedicarse a la cocina sin tener sazón ni para cocinar un huevo y otra muy distinta resultar ser una *chef* digna del mejor restaurante. En el caso de todas estas mujeres, el común denominador es el mismo, con la nueva personalidad viene incluido el talento para hacerlo bien sin haber estudiado el tema.

Según Carl Gustav Jung, uno de los pioneros en el estudio de la personalidad, el síndrome de la otra que se nos ha metido en el cuerpo y que decidió cambiarnos las reglas del juego, tiene nombre y se llama madurez. Según este reconocido sicoanalista, el ser humano nace con unos rasgos de personalidad definidos, pero son condicionados por la cultura y la sociedad en la que hemos sido educados. En la primera parte de la vida estamos más propensos a desarrollar lo que tiene que ver con el mundo exterior debido a la educación y a los llamados buenos modales. Cuando llegamos a la adolescencia la presión social, unida a la necesidad de pertenecer y de ser como los demás, nos obliga a seguir desarrollando los rasgos de nuestra personalidad que tienen que ver con el mundo exterior. De la adolescencia pasamos a la edad adulta y empezamos a cumplir con los requisitos básicos de trabajar para mantenernos, casarnos y tener hijos, lo que implica seguir viviendo para los demás.

Es así como una parte de esa personalidad con la que nacemos se reprime en pos de lo que es cultural y socialmente aceptable, pero cuando llegamos a la edad mediana las características de nuestra personalidad que hemos ignorado o dejado a un lado se detonan exigiendo su lugar. Iniciamos, sin quererlo y sin saberlo, una búsqueda de quiénes somos y en vez de buscarnos en el mundo exterior, empezamos a hacerlo hacia adentro.

Palabras más, palabras menos, estamos ante algo desconocido para el sector femenino y es la crisis de la mediana edad. Si, así como los hombres se han dado ese lujo desde tiempos inmemoriales, de igual forma las mujeres, después de la liberación, han tomado conciencia de su propia crisis. Y digo después de la liberación porque antes no teníamos opciones y al no tenerlas ni modo de entrar en cuestionamientos sin sentido. No había forma de que mis abuelas se preguntaran qué estaban haciendo con sus vidas o si querían hacer algo más. Para ellas lo que tenían era lo máximo a lo que podían aspirar y ni se les ocurría que a los cuarenta pudieran ir a la universidad, salir a trabajar, montar un negocio o cambiar de marido.

Las crisis eran departamento exclusivo de los hombres que en los cuarenta se vuelven locos, compran un Porsche o un descapotable, se buscan una mujer más joven y empiezan a vestirse como si tuvieran veinte años. Pero es que hasta para esto de las crisis los hombres y las mujeres vemos las cosas de forma diferente. Mientras el miedo masculino se relaciona con su propia mortalidad, el adiós a la juventud, y la recuperación inmediata de los años mozos, en el caso de las mujeres la cuestión radica en el futuro. No miramos hacia atrás con añoranza sino que más bien nos preguntamos cómo queremos vivir el resto de nuestras vidas. Iniciamos un proceso de aceptación de nosotras mismas e independientemente de los resultados hacemos limonada o naranjada. Sabemos que un carro nuevo, un amante más joven, o un cambio de *look* no son la solución para un problema que no radica en envejecer sino en crecer. Bendito sea Dios, nuestra esencia femenina nos libra de vivir la crisis de la forma patética como lo hacen algunos hombres. Admito que existe uno que otro ejemplar femenino, que no sé si debido a una subida de testosterona, entra en la búsqueda de la juventud perdida, pero no son el común denominador.

Y digo bendito sea Dios porque la verdad es que en mi caso una crisis al estilo masculino no es soportable ni por mi cuerpo ni por mis energías. Del Porsche, ni hablemos, porque entrar o salir de un carro tan bajito a esta edad es una tarea titánica que puede terminar en un desgarramiento muscular o en la desviación de alguna de mis vértebras. Desde los treinta y cinco, me niego rotundamente a salir con algún galán que porte carro deportivo o descapotable. Los enredos de mi cabeza son suficientes y no tengo por qué enfrentarme a los del pelo. La imagen del viento acariciándome no me parece nada apetecible ante un sol que amenaza con mancharme la cara. Y ni pensar en el tiempo y el dinero que me van a costar desmancharme. De igual forma, no creo que buscarme un jovencito sea lo más recomendable. Ya no estoy para esos trotes y no veo cómo la vejez se pueda curar por aquello de que "el que anda con la miel algo se le pega". La juventud no entra por ósmosis y estoy en la etapa en que prevalece la calidad y no la cantidad. Lo de las largas jornadas no se me da, con una buena me basta y me sobra. Un cuerpo joven y musculoso no me levanta ni un mal pensamiento. Al contrario, lo único que logra es recordarme mis miserias y no estoy dispuesta a irme a la cama con nadie que tenga menos celulitis o gorditos que yo. Tampoco se me antoja andar discotequeando, que me sirvan el trago en vaso de plástico, que me hagan bailar a punta de empujones y que la música amenace con terminar con unos de los pocos sentidos que me quedan intactos, mis oídos. No sé si es madurez o vejez, pero me siento en la edad del vaso de vidrio, la fiesta sentada, el zapato cómodo y el hombre inteligente. Todo lo demás es un atentado contra mi salud física y mi paz mental.

Y es que esta es otra de las características que la otra está cambiando en mí. Me refiero al egoísmo. Mi nueva personalidad incluye una férrea inclinación a darme prioridad ante todo. Y esto sí que es una novedad. Fui criada como una niña buena, y las niñas buenas ponen a los demás antes que a ellas mismas, son dóciles, educadas y hacen todo lo que esté y no esté en sus manos para quedar bien con todo el mundo. Pues con mi entrada a los cuarenta, todas las enseñanzas que recibí de mi madre se han ido para el carajo porque de su niña buena está quedando muy poco y ya sólo quiero quedar bien conmigo. Pero como la burra no nace arisca, sino que la hacen, los pocos atisbos de generosidad que me quedan me llevan a rechazar la idea de estar volviéndome algo tan feo y con tan mala fama como es el ser egoísta. Prefiero pensar que he entrado en algo que llamaría yoísmo, la necesidad de invertir en mí, de pensar en mí, y el hermoso estado de que me importe un bledo lo que los demás piensen.

Dicen todos los libros sobre la crisis de la mediana edad que esto le pasa a la gran mayoría de los seres humanos. Por supuesto que no estoy muy de acuerdo con esta teoría cuando se trata de los hombres. ¿Qué más egoístas pueden ser si lo son por naturaleza? Por lo que concluyo que la crisis de ellos es de nacimiento ya que siempre he pensado que el líquido amniótico de un feto masculino está conformado en gran parte por egoísmo puro, por lo que es aterrador que en el caso de ellos la cuestión pueda ser aún más grave. Sin embargo, cuando se trata de las mujeres el yoísmo, como parte de la crisis, es el resultado de años invirtiendo en los demás: maridos, hijos, hogar, trabajo, menos en lo que ellas en realidad deseaban.

Si esto es cierto, en mi caso, la puerca tuerce el rabo, porque con excepción de los siete años que estuve casada, llevo el resto de mi existencia sin inversiones matrimoniales ni maternales. Así que no veo la razón por la que ahora me van a pesar un marido y unos hijos que no he tenido. Pero como a la hora de tener crisis las ausencias no hacen la diferencia, resulta que mis hormonas o mi cerebro no han computado esa ausencia de seres a los que les haya entregado la primera etapa de mi vida y me han incluido el paquete completo.

Los pagadores de los platos rotos han sido mi familia y mis amigos. Sí, pobres, porque la realidad es que no les he dedicado mi vida y en ningún momento he pospuesto mis sueños o anhelos por cuidar de ellos. Pero como aparentemente la crisis no tiene la capacidad de filtrar, ellos son los que se están teniendo que aguantar a una nueva Rosaura que no está dispuesta a hacer lo que no quiere, que no permite manipulaciones, que se resiste a bailar al mismo ritmo que ellos y que finalmente aprendió a decir que no sin sentirse culpable.

Y de eso se trata el yoísmo, de la tendencia femenina a aceptarse a sí mismas que nos trae la llegada a los cuarenta porque este es también un regalo de la edad. Algo así como esta soy yo, es lo que hay y me aceptan así. O, lo que es más fascinante, me acepto yo misma así sin tener que darle explicaciones a nadie, ni disculparme por lo que soy. Hay que joderse en esta vida, ¿cuántos años de sicoanálisis nos ahorraríamos las mujeres si supiéramos que esta terapia va a llegar eventualmente y que no teníamos la necesidad de sentarnos durante horas a escupir nuestros traumas porque el remedio era cuestión de tiempo y algo llamado madurez? Sí, porque han sido muchas las mujeres que han tenido que pasar por terapia para librarse de la culpabilidad que crea el no cumplir con el papel ancestral de ser sumisas y aguantadoras, y aprender finalmente a decir que no.

Debo admitir que ya me lo habían advertido, pero es muy difícil entender que la edad te pueda traer esos estados de conciencia cuando eres joven y piensas que la madurez es una enfermedad. Mi amiga Ángela, ante la mala costumbre que siempre he tenido de ser pensamiento hablado y de no medir mis palabras, siempre me decía: "No te quiero ver cuando llegues a los cuarenta con esa lengüita. Pobre de todos nosotros".

—¿Por qué dices eso?

—Porque no sé la razón, pero cuando uno pasa los cuarenta entra en la incapacidad de medir las palabras, y si tú ya estás así, diciendo todo lo que piensas...

—Pero yo, aunque te parezca mentira, no digo todo lo que pienso. Hay muchas cosas que me guardo.

—Si eso es cierto, pues que Dios nos agarre confesados porque te veo largando por esa boquita a diestra y siniestra.

Y me empezó a pasar y sin darme cuenta. No fui consciente de ese cambio, ni puedo decir en qué momento se gestó. Sólo sé que de pronto mis amigas se empezaron a cuidar las unas a las otras con frases como "si no quieres saber, no le preguntes", "no le preguntes a Rosaura si no estás dispuesta a escuchar lo que no quieres oír", "imagínate a quién le preguntó".

—Me están haciendo sentir como ave de mal agüero con sus comentarios —les dije un día que me sentí ofendida con el tema.

—No es eso, es que ya no disimulas ni enjabonas los comentarios. El otro día te pregunté si me veía muy gorda con el vestido que tenía puesto. En otro momento me hubieras dicho "no tanto" y yo habría entendido el mensaje de que sí, pero suave. No, tu repuesta fue sí, sí te ves gorda.

—Pero es que te veías gorda.

—Mija, pero una suavizada por caridad no mata a nadie. Yo sí le tengo miedo a tus respuestas porque disparas.

Menos mal que en la medida en que todas entran o se acercan a los cuarenta también ellas se han ido convirtiendo en pistoleras profesionales. Ya ninguna nos salvamos de la pérdida irreparable de la caridad en las opiniones. La generosidad se nos nota en la sinceridad y en la honestidad brutal de nuestros comentarios. El problema radica en que esta recién adquirida tendencia a decir exactamente lo que estamos pensando no viene con un botón incluido que podamos apagar y prender cuando nos dé la gana. Y ya lejos de mis amigas y de mi familia, que lo aguantan porque me quieren o porque están pasando por lo mismo, socialmente estoy convirtiéndome en una terrorista que dispara indiscriminadamente sin tener en cuenta a quién tiene al frente. Vivo repitiéndome "calladita te ves más bonita", cada vez que socializo con extraños o no tan extraños, y me urge un cordel de pesca para poder recoger las palabras cuando ya han salido de mi boca.

Y es que no sólo tengo problemas controlando lo que digo, sino que además estoy regresando a esa etapa de la niñez en la que basta que me adviertan que no diga algo para que lo repita. Por supuesto que no me refiero a que sea incapaz de guardar secretos, en eso, con el tiempo me he ido convirtiendo en la más confiable del planeta. El mérito no es propio, se lo debo a la ausencia de memoria que me impide recordar la gran mayoría de las veces el secreto y que lleva la discreción al extremo de que me pueden repetir el cuento y lo recibiré como si fuera la primera vez. Soy toda una tumba sellada por la lápida del incipiente Alzheimer. Pero cuando se trata de evadir lo obvio, de ignorar las cosas, y de hacerme la loca, por alguna razón desconocida el tema se convierte en el elefante blanco dentro de mi cabeza. Si me piden ignorar alguna situación, mis neuronas se dedican a hacer todo lo contrario y las metidas de pata a esta edad las voy acumulando como si fueran canas. El problema es que no las puedo disimular, ni ocultar con tintes, ni las agradecidas luces. No, no existe una botellita que uno pueda comprar en el supermercado, ni una ida al salón de belleza, para aliviar este deterioro senil.

Y como a esta edad todo es posible llegué a considerar la posibilidad de haber sufrido una pequeña embolia sin darme cuenta. Al fin y al cabo, le acababa de suceder a una amiga de mi mamá y los síntomas eran muy parecidos. Una cosa era lo que quería decir y otra muy distinta lo que salía por mi boca.

—Qué embolia, ni qué embolia —me dijo una amiga cincuentona—. Eso es sólo el principio de la vejez.

—Pues qué alivio pensar que a todos el interruptor de lo que no se debe decir se les daña con la edad.

—Pues no a todo el mundo le pasa, hay gente incapaz de darse cuenta de esas cosas y hay otra que como que son demasiado medidas para darse el lujo de perder el piso de esa manera. Pero tampoco creo que sea cuestión de un botoncito que se nos haya dañado con los años, es una característica inherente a la vejez.

—Ahora sí que no te entendí nada y no sé si es que acabo de perder la parte del cerebro que computa o que estás cantinfleando feo.

—Me refiero a la intolerancia. ¿No te has dado cuenta de que los ancianos son intolerantes? Pues, es eso, principios de intolerancia, le perdemos la paciencia a muchas cosas incluyendo a la gente.

—Pues yo voy para vieja más rápido que ligero porque mis síntomas son graves.

—O vas de regreso a tu niñez. La vejez se parece mucho a los principios de la vida. Los niños son impacientes, intolerantes, dicen todo lo que piensan y sienten. Es más, si me empujas nos espera hasta la etapa de bebés, termina uno dependiendo de los demás, en pañales, comiendo compotas, haciendo rabietas por la frustración de no poder hacer cosas que antes se nos facilitaban y, lo que es aun peor, manejados y controlados veinticuatro horas al día por los hijos. Sí, los mismos a quienes nosotros mandábamos y controlábamos.

Depresión total. De ahora en adelante debía recordar no hablar con cincuentonas y mucho menos con sesentonas del tema de la edad si no quería caer rendida en los brazos del Prozac. Pero por mucho que la idea de que lo que me esperara fuera eso y que hasta se me antojara la muerte antes de llegar a un estado tan deplorable, tengo que admitir que hay mucho de cierto en esto de que la vejez se parece a los inicios de la vida. Se lo había escuchado decir muchas veces a mi papá que ha sido la persona más en contacto con su deterioro físico que he conocido. Desde hace años nos muestra su mano para que veamos, ya sea cómo la piel se le ha ido deshidratando hasta pegársele a los huesos, o las manchas de la edad que él llama las florecitas del cementerio. Es más, mi progenitor considera que la vida es injusta y que la naturaleza no sólo es bruta, sino que, además, todo lo hizo al revés. Según su teoría, deberíamos nacer viejitos y morir como bebés. Así seriamos para los demás hermosos, inspiraríamos ternura, y todos a nuestro alrededor nos tratarían con la misma paciencia que lo hacen con los recién nacidos. Nos verían con otros ojos y no daríamos el pesar y la impaciencia que generan los viejos.

Por mucho que la idea de terminar como un bebé me parezca aterradora y que encima no sepa quién va a terminar cambiándome los pañales y me sacará a pasear en la silla de ruedas para que me oree y me distraiga, como lo harían con cualquier niño, esto de estar yendo para atrás parece ser que es algo hasta hormonal. En su libro *La segunda adolescencia, los cambios a partir de los cuarenta*, Deborah Legorreta afirma que el cuarto piso se parece mucho al proceso que vivimos en esa etapa, sólo que aunque los síntomas son los mismos las razones son opuestas. Mientras en la adolescencia el desbalance hormonal se genera debido a que el cuerpo se está preparando para producir la primera menstruación y hacer de nosotras unas mujeres en todo el sentido de la palabra, ahora el proceso se invierte y la preparación tiene que ver con el cese de las funciones. Como quien dice, la fábrica se prepara para cerrar sus puertas porque ya es obsoleta.

La idea de que todos estos cambios que estoy viviendo sean la repetición de la adolescencia, no me agrada mucho. Siempre lo he dicho, no soy fan de esa etapa de la vida. Y no es que me haya ido mal como adolescente, tuve todo y más de lo que una niña de esa edad necesita para ser feliz, pero hasta el día de hoy veo a esa edad llena de maricaditas. Es más, si es cierto que existe la reencarnación yo le pediría al encargado del tema que me quitara la adolescencia y me la cambiara por otros treinta. Es una edad que va mucho más conmigo. No me gustaron esos años en los que me sentía perdida en el mundo, incomprendida, y en los que vivía un descontrol total de emociones y situaciones.

Y aquí está el meollo del asunto, estoy en las mismas. Pedida dentro de mí, sin poder controlarme, con unos cambios que no sé de dónde vienen y que me están convirtiendo en una adolescente con cuarenta años. Esto explica hasta esta tendencia al yoísmo. No hay criatura que esté pasando por la adolescencia y no sienta que es el centro del mundo, que es un incomprendido, que se lo merece todo y que ande en la búsqueda de su yo. Sí, aunque parezca mentira, también estoy buscando ese yo y no para descubrirlo como le pasa a los adolescentes, sino porque se me perdió y no hago más que preguntarme: ¿Dónde está la Rosaura de antes? Mi papá tiene toda la razón, la naturaleza no es sabia, es una desconsiderada ya que a mi edad los desbalances hormonales no son graciosos, son patéticos porque aparentemente no tienen razón de ser o llevan el pésimo título de menopausia.

Al fin y al cabo, el desbalance de un adolescente es disculpable por ser la transición de la niñez a la vida adulta, el de las embarazadas porque se encuentran esperando y creando una criatura dentro de su cuerpo, y hasta el del amor tiene su razón de ser por aquello de que es parte del proceso reproductivo. Todos tienen el común denominador del florecimiento de la vida, en cambio el mío me reduce a una menopáusica que va rumbo a la vejez. El acabose total, porque encima todos los demás desbalances tienen fecha de expiración y se curan con el tiempo. Son males que tienen remedio con los años o con los meses, es el caso del embarazo y de muchos amores, pero este aparentemente con el tiempo tiende a empeorar. De aquí no va a salir ni vida, ni juventud divino tesoro porque lo que amenaza con llegar es precisamente todo lo contrario.

3

Bendito el mal cuando viene solo

S i es cierto, y debe serlo, lo que afirman los científicos sobre el proceso de envejecimiento y que las hormonas son las responsables de mis recién adquiridos síntomas, por no decir males, la cuestión se vislumbra color de hormiga. Parece ser que entre el estrógeno, una novedad llamada Estradiol que ni sabía que tenía en el cuerpo, la progesterona que ya había empezado a meterme en problemas, y otras sustancias, empiezan a suscitarse desacuerdos. Ya no se llevan tan bien como lo hicieron en el pasado y cada una decide halar para su lado. Y como todas ellas, cuando trabajaban juntas y en armonía eran las responsables del buen funcionamiento de la vista, de la memoria, del control de la temperatura corporal, de las emociones, de la concentración, de las habilidades matemáticas y verbales, y hasta de la motricidad, el resultado es un desequilibrio que amenaza con acabar poco a poco con cada una de estas funciones.

Personalmente lo de las habilidades matemáticas, emocionales y verbales no me preocupa mucho. Es más, creo que puede ser un desarreglo a mi favor. Nunca he tenido facilidad para los números, no se me dan, y de niña me costó un ojo de la cara y el otro poder escribir el número dos. Pensándolo bien, esto hasta explica mis problemas de pareja. Al fin y al cabo, estamos hablando de que desde mi niñez demostré una gran inhabilidad precisamente con el número que representa la pareja y desde entonces como que sigo empeñada en no pasar del uno. Así que perder algo que nunca he tenido, me refiero a mis habilidades matemáticas, no me quita el sueño. Lo mismo me pasa con el control de las emociones, soy y sigo siendo visceral, por lo que concluyó que si no empeoro lo máximo que me puede pasar es que me convierta en una picuda para las matemáticas y finalmente logre, como mínimo, manejar mis emociones. A lo mejor, en esta época de cambios, así como mis amigas han descubierto nuevas habilidades, las mías vayan por ese lado. Puede ser también que mi capacidad verbal que ha entrado en el descontrol absoluto mejore y finalmente consiga ser la persona callada y prudente que nunca he sido.

Sin embargo, eso de que las capacidades motrices también sufran, en mi caso, me pueden llevar a un suicidio involuntario. Más de una vez he llamado a mis amigas en uno de los días malos para hacerles saber que si aparezco muerta no estoy cumpliendo con el romanticismo de la escritora que se suicidó porque la vida le apestaba. Simplemente amanecí torpe. Y es que lo soy por naturaleza y por genética. Heredé de mis padres la torpeza y familiarmente la cuestión es tan generalizada que hacemos competencia cuando nos reunimos a ver quién comete la más grande del día. Sin embargo, según mi cuñada, sufrimos de algo llamado "propiosección". Eso fue lo que le dijeron los médicos con respecto a la tendencia heredada que mostraban sus hijos de dejar el hombro en el marco de la puerta. Y es que aparentemente hoy en día ya la torpeza también tiene nombre y apellido y se le considera una condición que no nos hace ser conscientes de nuestro cuerpo y nuestros espacios. Algo así como que no sabemos dónde cabemos o no. No sé si esta inhabilidad para controlar brazos, manos y piernas es el resultado de que la hormona responsable nunca ha hecho su trabajo a cabalidad. Pero lo que sí sé es que si decide ahora dedicarse del todo a la flojera absoluta, mi seguridad puede correr peligro y también la de los que me rodean. Hasta el momento la cosa no había pasado a mayores y a no ser por esos días en que amanezco con el torpe a millón y que sin ningún esfuerzo puedo acabar con todo lo que hay en la mesa del restaurante porque mis manos adquieren vida propia, o que me golpeo con todo lo que se me atraviesa y después ni siquiera sé de dónde saqué los moretones, o que todo se me cae de las manos como si las tuviera aceitadas, o que picando cebolla me lleve un pedacito de uña o de dedo, se puede decir que mi torpeza, o mi falta de Propiosección, ha sido controlable. Pero si las hormonas van a empezar a desayudarme con el tema, entonces no voy a ser capaz de responder por mis actos motores.

A estas alturas del partido todo este desbalance se me está pareciendo mucho al embarazo. Esa etapa en donde te pasa de todo sin que entiendas el porqué, pero el ginecólogo a todas tus preguntas contesta lo mismo: es normal, es parte del embarazo. Pues estoy embarazada de cuatro décadas ya que las respuestas a mis males son muy parecidas. Cada nuevo síntoma tiene la misma y única explicación, es parte de la edad, son las hormonas, es el proceso normal del envejecimiento. A mí lo que me gustaría es que así como el mundo se solidariza con las embarazadas y les tienen consideración, de igual forma se comportarán con las que hemos entrado al cuarto piso. Me pregunto: ¿Dónde están los menús para las cuarentonas? No hay derecho a que los restaurantes pretendan que a mi edad yo pueda leer esas letras minúsculas y encima a la luz tenue de una lámpara. Cualquier toque romántico que puedan tener las velas o la media luz se convierten en un suplicio. Si osé llegar al restaurante con un nuevo galán sintiéndome la más sexy y atractiva del pueblo, en el instante en que me entregan el menú, me bajaré de la nube para recordar que ya no estoy en edad de leerlo y mucho menos para citas de amor. Desinfle total porque el término *Blind Date*, cita a ciegas, que usan los americanos para describir una cita con alguien que uno no conoce, en los cuarenta se convierte en un asunto generalizado. Independientemente de que se conozca al galán o no a la hora de pedir la comida todas las citas son casi a ciegas.

Debo admitir que en los inicios de la presbicia, cuando todavía no había entrado en la etapa de aceptación de las recién adquiridas miserias de la edad, me convertía en la mujer ideal, dócil y complaciente. Al menos esa era la imagen que daba cuando después de echarle un ojo al menú y darme cuenta de que si quería comer, los ojos no se me iban a llenar primero que la barriga, dulcemente le pedía al galán que eligiera por mí. Al fin y al cabo, en esas primeras citas siempre se termina yendo al restaurante que ellos eligen, por lo que me quedaba divino decirle que ya que él conocía el sitio decidiera por los dos.

Cuando me cansé, no sólo de tanta sumisión sino de comer lo que no quería o limitarme a los especiales del día por aquello de que el oído sí me funciona todavía y esos normalmente los recitan, llegó el descaro total. Me compré las gafitas y antes de sacarlas en un restaurante siempre defiendo mis derechos de cuarentona haciéndole saber al mesero que es una falta de consideración con las de mi edad restregarnos en la cara a punta de menús que somos unas viejas. Eso sí, la presbicia me ha convertido en una mujer generosa en las propinas y desprendida con las cuentas. Como no veo los números ya ni me tomo el trabajo de revisar. Me limito a decirle al mesero que le sume el quince por ciento y a estampar mi firma en el lugar me dicen en un acto de fe matemático.

Y si los restaurantes no son considerados, los almacenes, supermercados y fabricantes de medicinas como que no tienen cuarentones trabajando para ellos. Aparentemente viven en un mundo en que la visión es de 20/20 para todos. Ya no puedo ir de compras ni de arroz, ni de ropa, sin las gafas. No veo los precios, confundo el seis con el ocho, no sé qué ingredientes incluyen las cajas o las latas, y me niego a comprar ciegamente. Y es que me puedo pasar horas intentando abrir el pinche frasco de medicina porque como no alcanzo a leer las instrucciones no sé ni cómo abrirlas y mucho menos cómo tomarlas. Las gafas de la presbicia se han convertido en el equivalente del bastón para el ciego y en mi casa ya hasta parecen adornos que se multiplican en mi mesa de noche, por aquello de leer, al lado de mi computadora por aquello de escribir, cerca de la estufa, porque es la única forma de que los espaguetis queden al dente, al lado del teléfono porque de nada me sirve el identificador de llamadas, de vital importancia para saber quién llama si no alcanzo a ver los números, en el baño para no salir maquillada como payaso, para que en la depilada de las cejas no se me vaya la mano, y porque el resto de las depiladas ya sea de axilas o piernas sin gafas me pueden convertir a plena luz del día en material perfecto para un buen taco de chicharrón.

Con la aceptación de mi condición de media ciega, en cierto modo me ha llegado la adición a las gafitas. No puedo vivir sin ellas y las he ido acumulando con la certeza de que son una tabla de salvación. Bendito sea Dios, o más bien debería decir a la industria dedicada a sacarle partido y dinero a los cuarentones, hoy en día existen gafas de todos los colores, formas, marcas y precios para que podamos llevar nuestra ceguera con estilo. Ya nadie se tiene que conformar con las gafitas de la abuela porque ahí están desde las marcas patito hasta Gucci, Fendi, Calvin Klein, que vienen a nuestro rescate visual con diseños creados para que nos sintamos ciegas, pero a la moda y con altura.

—Pues menos mal que tú lo has aceptado, yo me niego —me dijo Flavia al verme sacarlas en un restaurante.

—Es que me parece esto más digno que la mirada vaginal. Eso de ponerse todo a la altura de la vagina para poder ver o leer, se me hace de quinta. Estaba cansada de llevarme todo a mis partes bajas.

—Pues yo todavía no llego ahí y el otro día muérete de la que armé en el súper porque llevaba tres semanas sin encontrar mis vitaminas. No sabes la vergüenza cuando el muchachito me las mostró enfrente de mis narices. Allí habían estado todas esas semanas que las estuve buscando. Ya no se trata ni de leer, sino del simple acto de encontrar.

—Pues resígnate y cómprate las gafitas.

—Estás loca, si ni siquiera he llegado a los cuarenta. Todavía no los cumplo.

—Eso no tiene nada qué ver, así como existe la pre-menopausia, aparentemente tú has entrado en la pre-presbicia. Como quien dice, tu vista se cansó antes de tiempo.

Y es que esa es la explicación médica y científica para la escasez de visión que nos aqueja a esta edad. La vista se empezó a cansar y ya no es lo que era. Sin embargo, en esto de bendito el mal cuando viene solo, no es lo único que tengo cansado y debo admitir que mi cuerpo tampoco se acuerda de los tiempos de 20/20. Sí, ya no aguanto como antes y como si la vida se me hubiera convertido en vitamina, una vez al día es mi nuevo modus vivendi. Una fiesta es suficiente, un encuentro sexual, una comida, por aquello de que ya se engorda con todo, una bailada. Y que digo una vez al día, tampoco es que lo de la rumbeada lo pueda repetir al día siguiente. Las épocas en que me reventaba todo el fin de semana quedaron atrás. El cuerpo no me da para más de una noche en el fin de semana. Y reconozco que si el cuerpo no me da, tampoco la cara porque he contraído el síndrome de Dorian Gray y, si repito, o me paso de horas, cuando llego al espejo allí está mi cara con veinte años más. Llena de arrugas, con bolsas bajo los ojos, la comisura de los labios caída, el cuello como trapo exprimido. Sí, el espejo me devuelve la imagen de la mujer vieja y acabada que voy a ser si sigo en esos trotes.

¡Horror! He contraído el síndrome de Dorian Gray. Ante la imagen deteriorada y vieja de mí misma que me devuelve el espejo después de una noche loca, me urge un pacto con el diablo o con cualquier cirujano plástico, que me imagino son el equivalente hoy en día al Lucifer de Dorian y que me va a cobrar un dineral cada vez que lo invoque. Y estos pactos, como quedó demostrado con el famoso personaje de la novela de Oscar Wilde, no sólo salen carísimos sino que a punta de cuchilla se corre el riesgo de ir por la vida con cara de que te agarró un huracán y los fuertes vientos te dejaron asustada para siempre. No, por el momento y antes de llegar a esos extremos, lo mejor que puedo hacer es evitar lo que antes era normal en mi vida, pero que con la edad se han convertido en excesos.

Y es que ahora atentan contra mi salud y mi integridad física cosas que antes pasaban sin pena ni gloria. En cierta forma, una vez más, estoy regresando a los inicios porque parezco niña chiquita. Toda la vida he considerado que el mejor tranquilizante para las criaturas es el sol y el mar. Darles una buena dosis de ambas cosas y tendrás asegurado que al llegar a la casa estarán agotadas y de cama. Igualita estoy yo, después de un día de playa quedo de baño, pijama y cama. En los años mozos regresaba y con singular alegría me bañaba, me secaba el pelo, me maquillaba y para la calle sin importar cuál fuera el plan. Pero es que mi cama se ha convertido en el mejor plan del mundo para todo y pensándolo bien han sido mis primeros síntomas de que la cosa se estaba empezando a poner horizontal. El día en que preferí invertirle más a las sábanas y colchas que a un par de zapatos mi destino de cuarentona quedó sellado. A punta de sábanas de algodón puro, con el tejido más fino, empecé el camino hacia la posición horizontal eterna y he ido dejando atrás la verticalidad de unas maravillosas sandalias.

Si la cama se ha convertido en mi mejor amiga, los tacones altos son el equivalente a mi peor enemigo. Ya no los aguanto. El dolor en los tobillos cuando me los quito, unido al miedo de que un mal paso me pueda llevar al piso, y las consabidas roturas o desgarramientos, han hecho que me aleje de ellos. Y no es que sea una miedosa exagerada, simplemente he aceptado que cualquier herida, vejiga o ruptura a esta edad son eternas. Ya no cicatrizo como antes y me aterra darme cuenta de que un raspón en mis sobrinos sana en cuestión de horas, mientras que en mi caso puede significar días y hasta semanas para que cure.

Pero es que si de heridas se trata, creo que me estoy convirtiendo en una veterana de esta guerra llamada vida. Y puede sonar cursi o poético, pero así me siento. Veo mis arrugas, mi flacidez, mis estrías, mi celulitis, como heridas que me ha infligido el simple hecho de vivir y luchar contra un enemigo incontrolable llamado tiempo. Así como a los soldados de Vietnam les fue como perros en misa por culpa de las inclemencias de un tiempo y la falta de conocimiento de un enemigo silencioso que aparecía cuando menos lo esperaba, igual me siento. Es más, creo que hasta peor porque esa guerra culminó hace décadas, pero en mi caso no podré declarar victoria nunca porque de que voy derechito para la muerte, voy. Como si estuviera en otras guerras, me refiero a las de Afganistán o la de Irak, esto de salir victoriosa es un acto ilusorio. Por más que piense que ya logré ganarle la batalla a algunas de mis heridas con la nueva crema o la mascarilla mágica, la realidad es que los muertitos siguen apareciendo y se van sumando. Ni siquiera me puedo dar el lujo que se ha dado el presidente Bush de no mostrar los ataúdes o los heridos, porque cuando se trata de esta guerra contra la vejez las heridas están a la vista.

Lo que el tiempo se llevó

Bueno, eso de la vista es un eufemismo porque ya sabemos que de ver, ni hablamos. Y debo admitir que a estas alturas del partido he empezado a agradecer infinitamente que el sentido de la vista se me haya disminuido. Sí, sé que es contradictorio, hasta hace unos días me quejaba de lo injusto que era este deterioro, pero es que descubrí que lo mejor que me puede estar pasando es no ver claramente. Este descubrimiento me llegó a través de un espejo de aumento. Ante la dura realidad de no poder sacarme las cejas, de que el maquillaje fuera uno en mi baño y otro muy distinto en el espejo retrovisor del coche a plena luz del día, decidí que me había llegado la hora de ayudarme con uno de esos maravillosos espejos de aumento. Maldita sea la hora en que se me ocurrió comprarlo. Esa fue la primera impresión cuando el espejo me devolvió una imagen de mí misma que estaba muy lejos de ser la que yo tenía. Esa piel lozana, de poros cerrados, con una que otra incipiente manchita, brillaba por su ausencia. La persona que aparecía aumentada estaba muy lejos de ser la misma de los espejos normales. Todo se magnificaba. Mis poros parecían cráteres de la luna, las manchitas eran lagunas, y ni hablar de lozanía, esta había quedado reducida al apellido de una amiga mía porque en mi cara no aparecía por ningún lado.

Ante el aterre de darte cuenta de que no sólo has estado embarcada en una mentira facial, sino que además los únicos que te veían de la misma manera eran los cuarentones por aquello de que sufren del mismo mal, pero que el resto de la humanidad que goza de visión 20/20 sí tenía muy claro tu deterioro, me dieron fue ganas de estrellar el espejo contra el piso. Pero no, no era la solución porque esa nueva imagen ya se había instalado en mi cabeza y ni quién la sacara de ahí. Además, ya de por sí tenía que empezar a lidiar con la realidad de una cara que no era como yo la imaginaba, para que me cayeran encima siete años de maleficios extras por culpa de un espejo roto. Los males que se acumulaban por sí solos eran suficientes para agregarles una maldición. Al contrario, lo que debía de estar era agradecida con una naturaleza que en esta ocasión sí que decidió ser sabia y me enviaba una vista deteriorada precisamente para que no fuera consciente de todo lo que estaba ocurriendo con mi cuerpo. Nunca antes mejor dicho, ojos que no ven corazón que no siente y autoestima que no sufre.

—Déjenme que les cuente —les dije a mis amigas— que no pienso volver a quejarme de la ceguera porque he descubierto que es mi mejor aliada en temas del corazón y de la belleza.

—Y ahora, ¿qué se te metió en el cuerpo?

—Bueno, en el cuerpo se me está metiendo de todo y me está saliendo de todo. Pero más bien se me metió en el baño un espejo de aumento que me ha hecho darme cuenta de que cuando se trata del amor y de la belleza, a esta edad, lo mejor es estar ciego. Cuanto menos claro vea uno, más tiempo dura la ilusión.

—Ah, compraste el famoso espejo de aumento.

—Sí, y créanme que fue el adiós al espejito, espejito, quien es la más bonita, para entrar en espejito, espejito, quién es la más jodidita. No alcancé ni a ser la princesa del cuento, es más, tampoco la madrasta, creo que la imagen que me devolvió fue la de la bruja que le entrega la manzana a Blanca Nieves. Y ya lo único que tengo de Blanca como la nieve son las canas.

—Ya viste, eso era lo que te faltaba para entendernos, el espejito. Todas las veces que hablábamos del Botox, de las inyecciones de colágeno, de los *peeling* con láser, tú saltabas diciendo que no creías en esas cosas y que tampoco nos veías tan mal como para que ya estuviéramos en esos trotes. Fíjate, lo que te hacía falta para entendernos era un espejo de aumento.

Como quien dice, si la ignorancia es atrevida, la ceguera es ilusa. Sin embargo, por más equivocada que hubiera estado en cuanto a mi realidad, la idea de que me perforaran mi cara con agujas, o que me pusieran un láser o ácido con el que quedaría como si me hubiera pasado la mano por la cara después de leer el periódico y después de empezar a escamarme como pescado, o que me masajearan con una máquina en mis zonas problemáticas, que me dejaría como si me hubiera metido en una pelea con el mismísimo Óscar de la Hoya, no me atraían para nada. Tenían que existir soluciones menos dolorosas para este mal llamado vejez y si eso era lo único que había, hasta un pacto con el Diablo me parece más atractivo. Nunca antes el culto a la juventud tuvo tanto protagonismo y nos aferramos a todo lo que aparece en el mercado y que promete devolver los años mozos o detener los que llamaría mojozos.

Pero es que yo no creo que sea posible detenerlos. Por más que cada día salgan miles de productos que prometen aliviarnos las arrugas, las estrías, la celulitis, la flacidez general, la verdad es que no considero que funcionen. Si funcionaran, las modelos y las actrices de cine, que tienen los mismos problemas, el dinero a raudales para invertirlo en estas maravillas y la necesidad de verse bien porque su profesión así lo exige, no envejecerían ni se verían obligadas a recurrir a la cirugía plástica. Y lo hacen, por la sencilla razón de que lo único que funciona es la cuchilla. Pero no, las mujeres en la desesperación por encontrar soluciones al paso del tiempo nos dejamos vender la idea de que estos productos son la quinta maravilla y le invertimos anualmente a la gracia billones de dólares. Sí, con B, esa es la módica suma que se echa al bolsillo la industria cosmética vendiéndonos ilusiones.

A mí esto me quedó clarísimo el día en que Cindy Crawford apareció en el programa de David Letterman llena de celulitis. Y no estoy hablando de algo que pasó ayer, eso fue hace ya varios años. La pobre no se sentó bien y como a cierta edad es de vital importancia aprender a sentarse para que la celulitis no aparezca, la famosa modelo mostró que era una más de nosotras. Por supuesto que al regreso de los comerciales, Cindy bien sentadita mostraba sus piernas tersas y torneadas. Entendí que si la súper modelo no le había encontrado solución al problemita de la piel de naranja, algo de vital importancia para su negocio, era por la sencilla y llana razón de que no existía forma alguna de combatirla. Desde ese día me niego rotundamente a invertirle dinero al tema. Mucho menos si tenemos en cuenta que el noventa por ciento de las mujeres a los diecinueve años ya sufren de este mal. Es más, hasta los bebés lo tienen, lo que me lleva a pensar que la celulitis más que un problema de vejez, puede ser considerada síntoma de carne tiernita si se le mira desde un ángulo positivo. Pero es que al final la realidad es que todos estos síntomas nos recuerdan que hemos vivido y hacia dónde vamos. El problema radica en que estamos metidas en una sociedad que rinde culto a la belleza, a la juventud y a la delgadez. Somos una generación que se niega a envejecer y las imágenes que nos muestran las revistas, el cine y la televisión son sólo un recordatorio constante de que no estamos tan jóvenes, ni tan flacas, ni tan bellas como deberíamos.

Pues déjenme que les cuente que estas imágenes forman parte de las grandes mentiras de la humanidad. Sí, así como el "nada más la puntita", o "te pago después", son engaños reconocidos, todas estas modelos y actrices que aparecen en las portadas están retocadas. Por eso se ven tan bellas y como si no les pasara el tiempo. Lo que les está pasando es la tecnología de unas computadoras que les borra todo lo que les sobra o no les sobra. Con ese pequeño pincel llamado Photoshop les quitan las arrugas, los gorditos del estómago, las manchitas de la cara, les adelgazan las piernas, la cintura, los brazos, les perfilan los huesos de la cara, y hasta los lunares pasan a mejor vida si molestan. Y si al borrador le agregamos el factor de que están maquilladas por unos profesionales que podrían ser el equivalente a la

Virgen de Lourdes por los milagros que hacen, la realidad es que hasta ellas mismas desearían verse como se ven en esas portadas.

Y el engaño no termina aquí. Si se trata del cine, los dobles son el pan nuestro de cada día. Y no me refiero a esas personas especializadas en hacer las escenas peligrosas y de alto riesgo. El riesgo aquí es que se vean la celulitis, el busto caído, el trasero triste y la barriguita canguresca. Por eso las actrices tienen mujeres con cuerpazos que las reemplazan en estas escenas de vital importancia para su seguridad física, y esta vez me refiero al hecho de sentirse seguras de que físicamente se ven espectaculares. Así cualquiera. Ya me encantaría a mí tener un lápiz que borrara mis arrugas cada mañana, una aspiradora que succionara todos esos gorditos que están de más y se llevara la celulitis en un dos por tres, aunque tuviera que utilizarlo diariamente. Y pues ni hablar de dobles, eso sí que complicaría la vida. Imagínense a uno llamando a la amiga del busto perfecto para prestárselo para la noche del viernes que tenemos una cita amorosa y el escote del vestido amerita frondosidades, o a la del cuerpazo para que lo ceda el fin de semana que vamos para la playa. No, si los sueños sueños son, como dijo Calderón de la Barca, y esto de soñar con estar a la altura de una mentira nos hace mucho más complicado hacerla realidad.

Porque la realidad es otra y si no pregúntenselo a Brooke Shields, ese coco mental de muchos hombres de nuestra generación a la que una revista como que no tuvo tiempo de retocarla en algunas de las fotos, o simplemente se les pasó. En las imágenes arregladas se veía como en sus mejores tiempos de la laguna azul, y en las que no, era la abuela de esa adolescente precoz. En la misma revista, también olvidaron retocar a otra celebridad, y la cresta de gallo que nos sale a las mujeres debajo del brazo le cacareaba en todo su esplendor como si fuera el amanecer de un nuevo día.

Como quien dice, las mujeres estamos corriendo hacia un oasis en el desierto si seguimos empeñadas en estar a la altura de unos cánones de belleza y a la recuperación de una juventud que no existen ni en las imágenes que estamos comprando. Pero somos una generación de una fe inagotable en todo lo que nos venden. Corremos a comprar la última crema que promete ser mejor que el Botox para evitarnos la agujereada. Cuando se nos termina, a pesar de que no hemos visto resultados sorprendentes, volvemos al ataque sin importarnos que nos digan que ya esa crema no es la buena, que salió una mejor que sí es el non plus ultra contra las arrugas. En vez de desinflarnos con esta información que grita a los cuatro vientos que estábamos usando una crema que no era tan efectiva como nos dijeron, y que hemos perdido el tiempo y el dinero, compramos la nueva con la esperanza de que esta vez sí dará resultados.

Sin embargo, si se trata del negocio de las cremas cuando se llega a los cuarenta prácticamente hay que tener un presupuesto dedicado a ellas. Es más, si viviéramos en un mundo justo y no tan machista todavía, estarían incluidas en los seguros médicos. Al fin y al cabo, la seguridad en uno mismo depende mucho de cómo se ve y si le pagan a los hombres el viagra para que recuperen la autoestima y subirles la hombría, deberían también correr con el gasto de lo que le cuesta a una mujer mantener la autoestima en su lugar. Desgraciadamente, si este sueño de opio fuera realidad seguramente también nos subirían los pagos mensuales por aquello de que vamos para abajo y nuestras necesidades médicas suben. Y tendrían toda la razón porque si a los veinte necesitabas cremas para prevenir, a los treinta son vitales en la prevención y corrección de las incipientes arruguitas que empiezan a vislumbrase, y ya para los cuarenta intentar resolver todos los problemas amerita un carrito de súper. Ni la canastita es suficiente para meter todos los potes que vamos a necesitar.

Y lo digo con conocimiento de causa y no porque las use, sino precisamente por lo contrario. La vanidad no es parte de mis atributos, vine sin ese gen tan femenino que hace tan atractivos los cosméticos, las cremas para la belleza, los masajes, los faciales, los pedicures y manicures, los salones de belleza, y todo lo que tiene que ver con el tema. Sin embargo, tengo de vez en cuando impulsos detonados gracias a mis amigas que me hacen sentir culpable por no estar invirtiéndole tiempo y dinero a mi belleza. Cuando estos impulsos se me detonan corro a comprar la crema que ellas me recomiendan. La uso concienzudamente una semana y después se me olvida. Para la siguiente detonación, la crema ya está amarilla y si me la quiero poner tendría que cortarla como mantequilla de restaurante.

Con la entrada a los cuarenta se me impulsó no la vanidad, sino más bien la culpabilidad de haber sido una descuidada con mi piel. Años de sol y de vida, aunados a una ausencia total de consentimiento facial se me podían venir encima en cualquier momento. Por lo menos eso fue lo que me dijeron mis amigas, aunque me consolaron con un escueto "pero todavía estás a tiempo". La cuestión era tan simple como comprar las cremas que estaba necesitando y usarlas diariamente dos o tres veces al día.

Por supuesto, más rápido que ligero, corrí a la farmacia para comprar todo lo que detuviera el tiempo, acabara con lo que ese tiempo se estaba llevando en el camino y previniera lo que ese tiempo amenazaba con llevarse. Empecé con las cremas para los ojos. Me parecían las más importantes ya que mis incipientes patas de gallo estaban a punto de convertirse en el gallinero completo. Un producto que corrigiera la aparición de las molestas arrugas y la caída de los párpados, un problemita que me acabo de dar cuenta también estaba sufriendo me pareció lo máximo. Pero no contaba con que mis arrugas eran el menor de mis males. Aparentemente, también necesitaba reducir la acumulación de la grasa alrededor de los ojos para acabar por completo con las bolsas que aparecen con la edad y eliminar la sensación de ojos hinchados y mirada cansada. Esta era una novedad, ya sabía que tenía la vista cansada, eso era lo que no me dejaba ver de cerca, pero que también se me reflejara el cansancio en la mirada, era un problemita que había pasado por alto. Metí la crema en la canasta de compras porque debo admitir que lo de las bolsas bajo los ojos me aterró. Mi sueño de amor hecho realidad, léase Bill Clinton las tiene, y cada vez que sale en la televisión me entran unas ganas enormes de agarrar una agujita y, como si fueran ampollas, reventárselas.

La cuestión no paraba ahí. Resulta que después de haber escogido las cremas para prevenir, disimular y corregir las arrugas, las bolsas bajo los ojos, los párpados caídos, la mirada cansada, y hasta las ojeras que no tengo pero que por aquello de por si acaso también entraron en la selección, tenía, según recomiendan los expertos, que comprar su versión nocturna. Sí, al parecer, la que funciona de día no funciona de noche, o en términos cosméticos no da los mismos resultados porque en la noche la piel se regenera y necesita versiones más fuertes. Para este momento, mi canastita de compras con la módica suma de diez cremas era un muestrario deprimente de mi incipiente deterioro y de la disminución de varios procesos metabólicos relacionados con la piel en los que reina el ya famoso colágeno.

Mis arrugas, la resequedad en el pelo que podría llevarme a la calvicie, y la flacidez tenían un solo nombre. Como si fuera tan famoso como Cher, o Madonna, o Maradona, el colágeno ni siquiera necesitaba de apellido para ser reconocido mundialmente. La diferencia radica en que si estos personajes son tan famosos por lo bien que han hecho su trabajo, el colágeno ha logrado fama precisamente por todo lo contrario. En cierta forma es como uno de esos escritores que encuentran la fama cuando ya han muerto. Es entonces cuando todo el mundo empieza a hablar de ellos y de lo maravillosos que fueron. Y ahí estaba yo, descubriéndolo en su ausencia y en cada uno de los empaques contra las arrugas, la flacidez y la resequedad.

Y es que este vía crucis cosmetológico apenas empezaba porque el paso siguiente era la cara en general. Necesitaba recuperar la hidratación natural para recuperar la firmeza perdida y afinar la textura. Además, disminuir las primeras líneas de expresión y prevenirlas, cerrar los poros, aclarar las manchas cutáneas producidas por el sol y los desbalances hormonales, bloquear ese mismo sol veinticuatro horas al día, luchar contra los radicales libres causados por las malas dietas y los agentes contaminantes, lograr que la piel recuperara su brillo y vitalidad, y por supuesto también debía adquirirlas en su versión nocturna. Y ya entrados en gastos, era de vital importancia comprar cremitas para las arrugas alrededor de los labios, para el cuello porque es ahí y en el escote donde más se nota la edad, y por alguna razón que desconozco las de los ojos y la cara no sirven el mismo propósito cuando se cambia de zona.

Si seguía mi recorrido por el inefable mundo de mis necesidades cosmetológicas hacia la zona sur también me urgían la crema corporal que afina la silueta, disminuye los depósitos de grasa, la piel de naranja y las curvas indeseadas reactivando la microcirculación. No podía tampoco dejar de comprar la que da firmeza y resplandor para un *look* corporal tonificado, la de las manos, importantísima porque aquí también se dan los primeros síntomas de la edad y para esto sí que no existe cirugía, y no estaba de más incluir cremitas para la resequedad de los pies. Pero si de resequedad se trataba, la cuestión iba de los pies a la cabeza. Sí, el pelo también sufre las consecuencias de la edad, del medio ambiente y del maltrato de agentes como los tintes y los secadores. Con el tiempo, si no me lo cuidaba, corría el riesgo de que la calvicie heredada de mi padre fuera una realidad y que las tres mechas que me quedaran estuvieran más secas que paja. Debía escoger bien y con sabiduría el tinte que le hiciera menos daño a mi pelo, pero que cubriera lo máximo posible todas las canas. Además, un champú que me ayudara a mantener el color del pelo brilloso y un acondicionador para pelo opaco y seco. Una mascarilla semanal también era una buena idea porque, según decían los frascos, todo lo anterior no era suficiente. Había que confirmarlo con un tratamiento intensivo.

Ya para este momento la canasta y la depresión me empezaron a pesar horriblemente en la medida en que me acercaba a la caja para pagar. Para colmo de males, no había ninguna cajera mujer entrada en años, todos eran hombres. Con una de mi misma especie seguramente contaría con la solidaridad propia de la jodidosofía, o sea, sufrimos del mismo mal y te entiendo perfecto, y hasta tendría la posibilidad de que me aconsejara si estaba comprando las cremas adecuadas para el rosario de mis síntomas que pasaría por el aparatito de los precios. Y digo entrada en años, porque a estas alturas del partido tampoco me servía una cajera adolescente, de esas que de por sí tienen actitud de "qué flojera estar aquí". No tenía ninguna necesidad de que mientras pagaba el precio de mis miserias delante de mí tuviera la viva imagen de lo que el viento se llevó. No, todos eran hombres, no existía la posibilidad de la solidaridad. La vergüenza decidió por mí. No iba a acercarme a la caja con todo este arsenal que gritaba a los cuatro vientos mi guerra declarada contra la vejez y lo jodida que estoy. Y si sacaba cuentas de lo que me iba a costar la gracia en ese momento y en los años venideros, ya que este vía crucis lo tendría que repetir como cada seis meses, llegué a la conclusión de que la cuchilla era una opción igual de costosa y seguramente menos vergonzosa.

Además, si seguía las instrucciones de uso de cada una de las cremas, "aplíquela mediante un masaje circular, con suaves golpecitos para que la crema penetre con eficacia", me iba a pasar la mayor parte del día encremándome circularmente y después de ponerme cada una de ellas, una encima de la otra, iba a parecer un paté envuelto en gelatina. Escogí una que ofrecía solución a más de uno de mis males y regresé a mi casa con la certeza de que a lo mejor lograra controlar el gallinero que amenazaba instalarse en mis ojos y hasta disimularlo, pero lo de las bolsas tendría que esperar hasta nueva orden y me tendría que resignar a ir ojerosa por la vida. Decidí de mi propia cosecha que como el aceite tres en uno, esta crema realizaría la misma función en cara, ojos, labios y cuello, porque es muy difícil pelear batallas en tantos frentes al mismo tiempo. Como en cualquier guerra, en esta también tendría que haber una que otra baja.

La noticia de que había decidido salvar el gallinero, mas no las bolsas ni las ojeras, ni el párpado caído, por el momento, no le cayó muy en gracia a mis amigas quienes pensaban que finalmente habían logrado meterme en el mundo de la vanidad. Me recomendaron entonces tomar unas vitaminas que me ayudaran a no envejecer, creadas especialmente para el sector femenino. Al parecer, no contentos con venderte todo lo que pueden para afuera, los dueños de la industria cosmética decidieron lanzar pastillitas que prometen detener o retroceder el proceso de envejecimiento de adentro para afuera.

—Pues sí —me dijo una amiga—, ya que te niegas a invertir en ti el tiempo y el dinero, por lo menos tómate las vitaminas. Algo es algo, peor es nada.

—Y entonces, si existen las vitaminas esas casi mágicas ¿para qué carajo me están mandando a comprar todas esas cremas? Haberlo dicho antes y me hubiera evitado la pérdida de tiempo y el golpe a mi autoestima que fue mi paso por la farmacia.

—Es que son buenísimas, pero funcionan mejor si además te pones las cremas. Una cosa ayuda a la otra. Además es otro principio, estas pastillas son antioxidantes.

—¿Cómo que antioxidantes?

—Sí, es lo de hoy, antes era el colágeno, pero han descubierto que lo que en realidad regenera las células que se nos van muriendo son los antioxidantes.

Lo último que me faltaba, me estoy oxidando. Sí, al parecer según vi posteriormente en un programa de National Geographic, el oxígeno cuando entra al cuerpo así como es beneficioso y nos ayuda a mantenernos vivos, también al hacer contacto con las células y los órganos termina oxidándolos. De la misma forma que cuando entra en contacto con el hierro y con el acero. Y como ni mis células ni mis órganos tienen la suerte de ser como el acero, inoxidable, se van deteriorando ocasionando el envejecimiento.

Ahora sí que torció la puerca el rabo, como diría mi madre, porque soy caribeña y he vivido cerca del mar toda mi vida. Si hay algo a lo que le tengo terror es al salitre del mar que lo oxida todo, hasta las calzas de los dientes si abres la boca demasiado. Vivo peleando con el óxido en mi balcón lijando, poniéndole el antioxidante, pintando, para volver a repetir la operación cada seis meses. La experiencia me ha enseñado que por mucho que intentes erradicarlo, lo único que tienes asegurado es que volverá a salir y en el mismo lugar. Y ahora resulta que sufro del mismo mal que los cables eléctricos, las lámparas y los tornillos de mi balcón. Y, lo que es aún peor, mi condición de persona que vive cerca del mar me puede hacer más propensa a la oxidación. Al fin y al cabo, la gente que vive en las montañas no tiene problemas con cosas de plata que hay que limpiar constantemente para que no se pongan negras. O con esa capa amarillosa que deja el mar y que va tiñendo de rojo ladrillo cualquier metal que se le atraviese. Si todos estos descubrimientos son ciertos, entonces estoy ante la dura realidad de que a la hora de oxidarse pertenezco a un grupo de alto riesgo y corro el peligro de una vejez prematura.

Sin embargo, vuelvo a lo mismo. Si el principio de oxidación es igual al de mi balcón, lo único que tengo asegurado es que no tiene solución. No hay pastilla, ni crema, ni antioxidante, ni lija que acabe con el problema. A no ser que cambie todo el sistema y las partes oxidadas, que cuando se trata de mi cuerpo sería el equivale a esperar la próxima vida para volver a nacer con todo nuevecito. En esto del envejecimiento y del óxido todo lo que se haga equivale a maquillar el problemita por un tiempo porque al final vuelve a salir.

Ya que digo problemita, aquí estamos ante la multiplicación de los panes. No sólo porque el deterioro se multiplica, y como la humedad, aparece donde menos lo esperamos, sino porque literalmente los panes se multiplican en nuestro cuerpo. Aparentemente el cansancio empieza a ser el común denominador. Después de haber trabajado por la módica suma de cuarenta años varias partes de nuestro físico piden a gritos retirarse. El metabolismo es una de ellas y como si fuera un empleado cansado de hacer todos los días lo mismo se vuelve lento, negligente y distraído. Todo lo que nos metamos en la boca tendremos asegurado que aparecerá convertido en gorditos. En cierta forma si estoy floreciendo como esperaba hacerlo a los cuarenta, sólo que el florecimiento es más lateral que de personalidad o encantos. Me florecen gorditos en las caderas, en medio de las piernas, en la cintura, debajo de los brazos, como si fueran pequeños retoños de un árbol. O más bien debería decir malas hierbas porque con el mismo ahínco me dedico a ver cómo los arranco para que no afeen mi jardín corporal.

Las dietas se multiplican y así nos matemos de hambre literalmente, no logramos bajar ni un kilo. Lo que me imagino nos libra de la anorexia porque dejar de comer no significa que quedaremos en los mismísimos huesos. Nos puede dar, eso sí, una anemia de padre señor y madre, pero no existe ninguna posibilidad de que quedemos convertidas en unas sílfides. Otro tipo de cansancio se apodera de nosotras, el de saber que independientemente de que estemos en la dieta South Beach, en la de baja en grasas, o baja en carbohidratos, o cero azúcares, el resultado sigue siendo el mismo. Somos una generación de mujeres que vive hambrienta, que cuenta calorías como si fuera parte del presupuesto familiar y que añora los tiempos en que la carne sobre el hueso era el mejor aderezo.

Esa es una frase que hasta el día de hoy me repiten mis abuelas cuando estoy muy flaca mientras yo me siento divina. Es más, el peor piropo que puedo recibir de ellas cuando las visito es que me digan que estoy bonita, el equivalente a estar gordita. Salgo de ahí con la moral en el piso, y con una envidia horrorosa. Sí, me da envidia que esa generación no haya conocido las dietas, ni las cremas, ni las cirugías, y sobre todas las cosas, la ansiedad de estar a la altura de unos cánones de belleza que van en contra del instinto básico de comer y de la ley de la vida, envejecer.

Y es que para mis abuelas es incomprensible que quiera ser flaca. No entienden la gracia de un cuerpo huesudo cuando vienen de otros tiempos en los que los kilos de más eran un atributo. Tampoco les queda muy claro cuál es el rollo que nos traemos con la juventud y la belleza. Es un tema tan desconocido para ellas que cuando les pregunto qué usaban en sus épocas para las arrugas, me contestan que lo mejor es planchar con almidón combinado con agua que deja liso hasta el algodón o lino más fino. Si de estrías se trata, consideran que el problema es complicado por aquello de que las produce la humedad y después de repellar y pintar la pared lo más seguro es que vuelvan a salir. Las cremas equivalen a unas recetas maravillosas que incluyen zanahorias, espinacas, champiñones, tomates, quesos y, eso sí, mucha crema. Y ni hablar de términos como celulitis, la respuesta de una de ellas fue contundente: "No sé, mija, las oigo mucho hablar de que todas la tienen y me imagino que es un invento moderno como el microondas o la depresión". No, qué depresión iban a sufrir ellas, si no vivían hambrientas, ni ansiosas por recuperar una juventud que sabían irrecuperable.

Me dan ganas de ir a matar a Twiggy. Sí, la famosa modelo de los años sesenta que nos robó el derecho a la frondosidad física. Antes de que ella apareciera con sus huesos al aire, lo *in*, la moda, lo deseable, era la carne. No hay más que echarle una miradita a los primeros videos pornográficos filmados en los años veinte. Mujeres entradas en carne, con todos sus gorditos al aire que caían orgullosos llenas de celulitis, con traseros generosos y bustos que se desplomaban en toda su plenitud. Pero no, llegó Twiggy, y nos convertimos en una industria canina que prefiere el hueso al mejor lomo fino. Es más, si la vida fuera justa, el juez Baltasar Garzón debería abrir un juicio contra la modelo, la industria cosmética y los medios de comunicación por terrorismo en contra de la humanidad femenina. Al fin y al cabo, cientos de mujeres que sufren anorexia y bulimia, que mueren en las mesas de operaciones por conseguir un mejor cuerpo, o detener el tiempo en sus caras, son una prueba fehaciente de que se violan los derechos humanos. Por lo menos el derecho humano a comer sin culpabilidad y envejecer con dignidad.

—Creo que me entró un nuevo tipo de cansancio —me dijo Diana.

—¿Y ahora de qué estás cansada? Porque déjame decirte que con la vista cansada, la mirada cansada, el cuerpo que ya no da para nada y el metabolismo cansado, no estamos para más cansancios.

—Estoy cansada, harta y aburrida de hacer dieta y que no sirva de nada. He llevado la dieta de los carbohidratos a los extremos. Con decirte que ni comulgo, para que mejor me entiendas, y así no le meto al cuerpo la harinita de la hostia. Y sigo igual.

—Es que hasta en eso la iglesia está atrasada. Deberían tener hostias integrales o bajas en calorías.

—¿Tendré problemas de tiroides?

—No te extrañe, a lo mejor esa también se cansó.

—Para colmo de males, resulta que todo le que como no sólo se deposita inmediatamente en mi trasero, sino que además, me están saliendo gorditos por todos lados. Ya ni sé cuál me preocupa más, si el de la cadera o el de la espalda.

—Pues yo he llegado a la conclusión de que esos no se van ni con dieta. Por lo que me han dicho la única solución es la liposucción. Y como que duele y mucho.

—¿Será que la solución es hacernos la lipo en los gordos, las nalgas y la barriga?

—¡Uta madre! ¿Te imaginas una lipo en mi trasero? Eso sí que sería un sunami que acabaría con todo en la sala de operaciones. No, yo prefiero seguir aguantando hambre y hacer ejercicio. Si algo vamos a comer en esta época es hierro, mi reina, porque con los aeróbicos ya no es suficiente. La cuestión es de pesas.

—¿Cómo que no? ¿Entonces para qué tanta bicicleta, elíptica, Zumba y Samba?

—Para mantener el peso, pero corres el riesgo de convertirte en pésimo público.

—¿Qué tiene qué ver que sea buen público con el ejercicio?

—Que al paso que vamos, ni vamos a ser capaces de aplaudir sin que el gordo debajo del brazo parezca bandera ondeando durante tormenta tropical. Así que, o nos levantamos a punta de hierro, y no del tomado precisamente, o seremos un público moderado y reprimido.

Creo que voy camino a convertirme en un zoológico ambulante. Y esa canción infantil que decía "vamos al zoológico, lógico, a ver animales cuáles, cuáles " se refiere a mí. Eso según una revista que dice que "debido a la baja de los estrógenos durante el período del climaterio se suelen tener alteraciones en la piel que van desde la formación de arrugas, pérdida de tonicidad muscular, aumento del vello en el mentón y en el labio superior y resequedad". En poco tiempo no voy a tener que ir al zoológico para ver unos animales que se me han acomodado en el cuerpo. Está el gallinero alrededor de mis ojos y la cresta de gallo posicionada de mis axilas, tendré el pavo en mi barbilla, las ojeras del mapache, la pancita de canguro, la cara manchada como si fuera un puma, la piel seca y acartonada de un elefante, el pelo blanco de un oso polar y Dios me libre de los bigotes de gato. Nunca he sido muy peluda, pero tengo entendido que con el desbalance hormonal cabe la posibilidad de que tenga que empezar a depilarme los bigotes y hasta uno que otro pelito en la barba que me convertirían además en descendiente directa de las cabras.

Y loca como una cabra voy a terminar si me sigo dejando llevar por este terrorismo cosmético. Si, al igual que Ben Laden acabó con la paz de todo el mundo, las revistas y todos los medios de comunicación se han encargado de recordarme constantemente que el enemigo llamado vejez acecha. Para colmo de males, muchas veces ni se ponen de acuerdo en cuáles son las armas que debemos usar. Así como el café un día es buenísimo para la salud y hasta para contrarrestar la temida celulitis, al otro sale un nuevo estudio que dice que no es así, sino todo lo contrario. De pronto entras al supermercado y te encuentras con que todos los productos cambiaron y ahora ya no son bajos en grasa sino en carbohidratos, pero a los seis meses desaparecen porque descubrieron que de pan sí vive el hombre. Hasta el calcio que llevo siglos tomándolo para prevenir la temida osteoporosis resulta que parece que no sirve y en vez de estar fortaleciendo mis huesos corro el riesgo de tener cálculos hasta en el pelo.

Las dietas, las cremas, los tratamientos contra las arrugas, las vitaminas, los aparatos para combatir la flacidez y la falta de tonicidad, (que no tiene nada qué ver con el tono de voz o con un tónico para la tos, sino con el hecho de que la ley de la gravedad se está llevando todo para abajo y estamos perdiendo tono muscular), aparecen hasta en los noticieros como si el tema fuera igual de importante que el anuncio de otro ataque terrorista o de los actos inclementes de la naturaleza. Admito que todos estos males sí entran entre las inclemencias de la madre naturaleza, pero me parece absurdo que lleguen a ser noticias de última hora y tan importantes como para que formen parte de las tragedias que suceden en el mundo.

La tragedia al final es dejarse llevar por ellos. Entrar en una guerra tan sin sentido como la que emprendió Bush contra Irak. Basándose en mentiras o en imágenes falsas, porque hasta el día de hoy no existe ser humano que le haya ganado la guerra a la vejez. Es de las pocas cosas que tenemos aseguradas en la vida y, nos guste o no, para allá vamos. Y lo peor es que si entro en este juego peligroso de intentar detener el tiempo, lo que voy a terminar perdiendo es precisamente tiempo. Si sumo las horas que me llevaría ponerme diariamente todas esas cremas tanto en la cara como en el cuerpo con movimientos circulares y ascendentes de día y de noche, buscar en mi clóset prendas que no sean muy ajustadas por aquello de que debo dejar que mi piel respire y permitan la transpiración para ayudar a la eliminación de toxinas, hacer mínimo una hora de ejercicio para contrarrestar la ley de la gravedad, evitar la osteoporosis y la acumulación de kilos, mantenerme en movimiento por aquello de hay que estimular el riego sanguíneo, tallarme durante el baño con un zacate para activar la circulación y remover células muertas, dormir mínimo ocho horas para que los ojos no me amanezcan abotagados, ojerosos y con bolsas, agregándole además la mascarilla para el pelo porque ahí también la resequedad está haciendo sus estragos, no queda tiempo ni para comer. Pero es que de comer ni hablemos, porque ya es un hecho que cuanto menos lo hagamos es mejor. Más bien la pregunta es ¿en qué momento me dedico a vivir?

Ni los momentos con las amigas se salvan de este terrorismo cosmético. Las conversaciones que durante años giraron alrededor del colegio de los niños, de lo difícil que era educar, del síndrome de déficit de atención, de las primeras comuniones, de lo aburridor que era Disney, ahora se concentran en cuál es el mejor tinte para las canas, el tratamiento de moda para la celulitis, la crema mágica para los ojos, y hasta de unos hilos (que no son precisamente los dentales porque estos ya no todas los podemos usar sin que parezcamos un par de naranjas rozagantes y jugosas), que son lo último en tecnología cosmética para halarte todo lo que te cuelga.

Los almuerzos y comidas son un muestrario de la victimización en que vivimos las mujeres. Una está en la dieta de las grasas, otra en la de los carbohidratos, existe la que con libreta en mano saca cuentas de las calorías que va a ingerir o cuenta puntos porque cada cosa equivale a un número, y hasta hemos entrado en el increíble mundo del vino bajo en calorías. Y hay una que otra que llega con la cara roja como si fuera víctima de una insolación parecida a quemaduras de primer grado después de un *peeling* que promete quitarle todas las manchas de la cara y de la conciencia.

Luchar contra la edad se ha convertido en una tarea diaria, ardua, que nos consume tiempo y energía. Y como si hay algo que no tenemos las mujeres de esta generación es mucho tiempo, y lo de las energías con esto de la edad también brillan, pero por su ausencia, en mi caso no queda más remedio que tomarme el temita de la edad y la vejez deportivamente. Hacer caso omiso a esta forma de terrorismo de la misma manera que me he negado a que Bush con sus amenazas y su patrocinio del miedo me quiten la paz y la seguridad. Bastante tengo con llegar a los aeropuertos y hacerles un *strip tease* gratis a los agentes de seguridad quitándome el cinturón, la chaqueta y hasta los zapatos, para evitar la posibilidad de un ataque que no tenemos asegurado. No voy a permitir entonces que otro tipo de amenaza, esta vez cosmética, acabe con la poca paz y tranquilidad que nos quedó después del once de septiembre.

Pero desgraciadamente ya quisiera que la edad fuera como los atentados terroristas, una posibilidad. En esto de la vejez tenemos la seguridad de que llega y que en cualquier momento nos caerá encima como una bomba nuclear.

—Muchachas, déjenme que les cuente que ayer estuve a punto de suicidarme por culpa de la edad —le comenté a mis amigas.

—¿Cómo que suicidarte? ¿Tú? Si eres la menos preocupada por el tema.

—Fue un casi suicidio involuntario. Estuve a punto de cortarme las venas, pero las de los tobillos.

—No entiendo nada, ¿cómo que en los tobillos? ¿Y qué tiene qué ver eso con la edad?

—Aguanten que para allá voy. Resulta que encontré en mi tobillo mientras me depilaba un pelito enquistado. Debo confesarles que cometí el error garrafal de no ponerme los lentes para ver de cerca y con una agujita empecé la labor de intentar sacar el pelito. Sólo salía sangre y más sangre. Me puse los lentes y casi me muero, no había pelito alguno, era una várice. ¡Tengo varices!

—¿Qué?

—Sí, estuve a punto de desangrarme por culpa de una várice. Bueno, qué digo una, con los lentes puestos me he dado cuenta de que el menor de mis problemas eran los pelos enquistados, tengo y más de una. Estoy a cinco minutos de convertirme en mi papá porque de él las heredo.

—¿Cómo que tu papá?

—Idiota, hemos entrado en la edad de las herencias, y no me refiero a ese dinero que nos caería del cielo por ser los descendientes. También heredamos sus enfermedades. No hay más que escucharlos y verlos, todo lo que ellos padecen nos puede caer a nosotras encima. Olvídense de: heredé los ojos, los pies, las manos, hay que empezar a buscar los síntomas de otras herencias menos gratas porque ya yo empecé a heredar y no de la forma que me gustaría.

Efectivamente, me he convertido en la heredera oficial de mi padre, sólo que esta herencia me va a costar a mí un dinero, no me va a hacer rica. Sí, heredé sus manos, su nariz, su boca y sus pies. Es más, toda mi vida luché con la sensación de que cuando no me había asoleado y estaba blanca como leche, mi papá se me instalaba en los pies. Resolví pintarme las uñas para despojarme de esa sensación. Lo que nunca imaginé es que el parecido se extendiera más arriba en venas azules y un futuro lleno de ramificaciones abultadas. Y, lo que es peor, lo de la herencia viene por partida doble porque mi madre también entra a ser parte ya no de los bienes, sino más bien de los males que heredaré. Y no era una amenaza, ni una promesa, ni una posibilidad. Esos calores que me estaban ahogando y esa sensación de que el infierno empezaba en mi cuello eran una prueba fehaciente de que mi señora madre había empezado a heredarme uno que otro mal.

4

La herencia maldita

L a herencia no la estaba recibiendo de un solo totazo. No me iban a caer encima millones de pesos en una sola entrega. Cuando se trata de heredar males, la cuestión empieza de forma lenta, pero progresiva. Como si fuera un *trust* o un fideicomiso, de esos que dejan los ricos a sus hijos para que en caso de que ellos mueran les vayan dando dinero y llegada cierta edad se les entregue cuando supuestamente ya son lo suficientemente maduros para manejar la fortuna familiar.

Sí, en cierta forma somos unas Athina Onasis cualquiera, sólo que la herencia no incluye millones y millones de dólares, sino más bien centavitos de males. Durante nuestros años mozos hemos gozado de una herencia familiar que incluía talentos, lunares, rasgos físicos, debilidades, y hasta temperamentos, pero cuando nos llega la madurez, la madre naturaleza se encarga de entregarnos el patrimonio completo en una serie de síntomas y enfermedades que debemos aprender a administrar para que la herencia familiar no termine quebrándonos físicamente. Y así, como los ricos deciden que la edad ideal para hacer entrega oficial de los bienes es entre los 18 y los 25 años, la madre naturaleza decidió, de su propia cosecha, que a los cuarenta se está lo suficientemente maduro como para empezar a heredar males.

En mi caso, la naturaleza había decidido ser generosa antes de tiempo y entregarme parte de la herencia sin necesidad de que llegara a los cuarenta. Aparentemente no es que yo gozara de una madurez precoz, sino más bien que la precoz era la menopausia. Por supuesto que si te han dicho que esa herencia no te la van a entregar hasta bien entrados los cuarenta, cuando los primeros síntomas llegan a destiempo no los reconoces y mucho menos piensas que estás ante una primera entrega de tu patrimonio materno.

Me desperté en mitad de la noche con la más firme sensación de que me estaban cocinando en una olla. El calor que sentía era lo más parecido al presagio del temido infierno y la conclusión más lógica fue que había tenido una pesadilla. Como no soy muy dada a recordar mis sueños concluí que la pesadilla seguramente se llevó a cabo en los tiempos de los indios americanos que tenían la costumbre de arrancar el cuero cabelludo a sus enemigos. Era la única explicación que encontraba para que la cocinada fuera de cabeza, no de cuerpo entero, porque estaba empapada de sudor del pecho para arriba y el fuego lo sentía en el cuello y la cabeza. El resto de mi cuerpo como que no había participado en el horrible sueño o quedó fuera de la olla. Sin embargo, era muy extraño que no lograra recordarla, mucho más cuando se volvió recurrente y eran varias las noches que me despertaba cocinada en mi propio jugo. Ya hasta empezaba a ser ritual de mis noches despertarme, cambiarme la pijama y muchas veces bañarme en la madrugada para refrescarme. Pero como no me sucedía a diario y tampoco tenía síntomas durante el día, seguía pensando que la única explicación lógica para mi tormento eran las pesadillas. Y no es que yo fuera muy dada a los horribles sueños, pero hubo una época en la que me dio por soñar que me enterraban o estaba enterrada, y me despertaba ahogándome sin reconocer mi cuarto y con la angustia horrorosa de que mi habitación era mi propio ataúd. Aparentemente estaba en una de esas etapas de pesadillas y había cambiado los entierros viva porque me quemaran, también vivita y coleando en una olla.

Corrí a buscar libros sobre el significado de los sueños. Al fin y al cabo, después de haberlo pensado mucho y sacado raíz cuadrada al tema de todas las formas habidas y por haber llegué a la conclusión de que aquello de tenerle miedo al infierno no iba con mis convicciones. No le temía al fuego eterno porque si algo tenía claro es que mi comportamiento no daba para ese tipo de castigos. No había matado, no había robado, honraba a padre y madre y ni hablar de desear a la mujer del prójimo porque por ese lado no se me daba. Así que la idea de que mis pesadillas reflejaran el temor a un posible infierno quedaba descartada. Además, el infierno lo estaba viviendo todas las noches en mi cama sin deberlas ni temerlas. Para colmo de males, aparentemente, según los libros sobre los sueños, el que lo cocinaran a uno en una paila no era una pesadilla muy recurrente o famosa porque no aparecía en ningún lado. La mejor explicación podía ser que estuviera teniendo algo así como una regresión. Palabras mayores, porque nos estábamos metiendo con el tema de la reencarnación y, de ser así, estaba volviendo a alguna de mis vidas anteriores donde se suponía había muerto a manos de unos indios decididos a tener mi hermosa cabellera.

Pero no, el día en que me encontré a las once de la mañana con la cabeza metida en el congelador en un acto de desesperación para apagar el calor que amenazaba con derretirme los sesos entendí que el problema iba más allá. Pero, ¿cómo? Si sólo tenía 38 años, no estaba en edad de esos menesteres menopáusicos. Por Dios, si escuchaba historias de mujeres que a los cuarenta y pico de años, y hasta cincuenta estaban teniendo hijos, ¿Cómo iba a ser posible que a mí me estuvieran cerrando la fábrica tan rápido? La respuesta me llegó por medio de mi cuñado Pier, que es ginecólogo, y quien me dijo que efectivamente mis síntomas apuntaban hacia una menopausia prematura. No quería decir que ya fuera considerada una menopáusica en todo el sentido de la palabra, sino que el proceso ya se había iniciado y el desbalance hormonal empezaba su curso. La solución, tomar progesterona para aliviar los llamados bochornos que estaban acabando con mis noches y mis días. Ya no aguantaba más, y nunca mejor dicho, mi vida se estaba convirtiendo en un infierno en la tierra que amenazaba con llevarse no sólo el período, sino mi paz mental y hasta mi condición de niña educada.

Y es que cada vez que estaba en una reunión y sentía el calor empezar a invadirme el cuello sufría sabiendo que venía un bochorno. Pero no me refiero sólo al bochorno, como bien lo dice la palabra, del calor, el sudor y la cara colorada como si estuviera insolada, sino al bochorno o vergüenza de que los hilos de sudor corrieran sin que yo pudiera hacer nada para detenerlos. Recordaba en esos momentos el *Manual de urbanidad y buenas maneras* de Carreño, con el cual fui educada, y donde quedaba muy claro que las mujeres educadas y decentes no podían darse el lujo de sudar como caballos de carrera. Es más, para el señor Carreño, que aparentemente en su vida estuvo ante una menopáusica, este acto ofendía a los semejantes. Según su *Manual de urbanidad*, "cuando por causa de un ejercicio violento, o por la influencia del clima, o bien por vicio de nuestra propia naturaleza, nos encontramos transpirando, no debemos permitir nunca que el sudor de nuestro cuerpo se eche de ver por los demás: hay que enjugarlo con un pañuelo y lavarnos la cara hasta que el cuerpo haya llegado a su natural reposo. Para las personas que sufren de este penoso mal, el pañuelo debe ser una constante".

Hay que joderse en esta vida. Resulta que según este señor, lo mío pasaba a ser un vicio de mi propia naturaleza que no sólo ameritaba una disculpa por aquello de que es ofensa para los semejantes, sino que además me devolvía a los tiempos de mis abuelas con todo y pañuelo grabado con las iniciales de mi nombre y metido en el sostén. Y como mi vicio se caracterizaba por su copiosidad, un pañuelito de algodón u holán no iba a resolver el problemita. La cuestión era de cajas de Kleenex que si las metía en el sostén me convertirían en una mujer frondosa de talla DD de busto.

Mis bochornos no sólo afectaban mis buenos modales, también estaban haciendo mella en mi vestimenta. Los colores claros o brillantes, con excepción del blanco o del beige bien clarito, dejaron de existir en mi vestuario si se trataba de la parte de arriba. El rojo, el verde, el amarillo y todos los pasteles pasaron a la categoría de prohibidos por aquello de que, ante la posibilidad de que me agarrara el infierno en la calle, el gigantesco lago Michigan de

Chicago era una laguna comparado con lo que a mí se me anegaban las axilas. Como si estuviera ante un derramamiento de aceite al más puro estilo del Exxon Valdez sentía cómo los chorros, porque no eran gotas, de sudor corrían bajo mi brazo mojando todo lo que se le atravesara en el camino. El color negro pasó a ser mi mejor aliado, unido a un desodorante antitranspirante que había sacado la marca Adidas, dirigido a los sudores y olores fuertes de los deportistas. Y es que no había desodorante que me funcionara. Compraba todos los que incluyeran en letras grandes la palabra *Dry*, que significa seco en español, *Dry Idea*, *Extra Dry*, *Secret* fuerte como para los hombres, pero hecho para la mujer, y lo único que lograba secar era la esperanza porque ninguno cumplía con sus promesas de acabar con el sudor. Si Michael Jordan, que es hombre, y ellos sudan más, era capaz de salir de un juego con sus axilas secas, mi problema sería resuelto por esa barrita mágica de Adidas. Error garrafal, porque el famoso jugador de baloncesto no estaba pasando por una premenopausia y desgraciadamente no existía en el mercado un desodorante que acabara con la sudoración en las axilas y que también nos pudiéramos restregar por el cuello, el pecho, el cuero cabelludo y la cara. Lo único que me quedaba era tomar mucha agua, porque hasta miedo me daba que me fuera a deshidratar, pero al mismo tiempo me aterraba que esto fuera como la orinada y terminara sudando más, lo que haría que entre una cosa y la otra me pasara el resto de mi existencia en un baño.

Por eso, cuando mi cuñado me dijo que la solución podía estar en tomar progesterona fue como si se me hubiera aparecido la Virgen. Estaba que hasta altar le montaba a la hormona por el simple hecho de haberme devuelto las noches de sueño seguidas y la tranquilidad de no estar en la calle con la amenaza constante de que el infierno llegaría. Sin embargo, estaba descubriendo que sí, la Virgen se me había aparecido porque todos mis síntomas desaparecieron, pero lo de mantener la virginidad no era precisamente uno de los atributos que te confiere la progesterona. Al mes de estarla tomando me estaba quemando en mis propios ardores, pero ya no tenían que ver con los bochornos y el calor que me empezaba en el cuello como si me estuvieran pasando una vela encendida, esta vez los ardores eran sexuales y se me antojaban todos los hombres de la tierra desde el actor de cine hasta el portero. ¡Me quería morir! Esto no podía estarme pasando a mí. Resulta que yo, que siempre fui una mujer de vagina selectiva, ahora a mis casi cuarenta años me estaba convirtiendo en una de vagina inquieta. En un acto de deducción moral llegué a la conclusión de que uno no cambia de estado vaginal de un día para otro y que lo único diferente que estaba haciendo era tomarme la hormona. Con un "chin cuñis, si es la progesterona la que te tiene así, es uno de sus efectos secundarios" mi cuñado me devolvió el alma al cuerpo y la decencia vaginal.

—Pero, ¿y entonces? No me digas que tengo que dejar de tomarla porque te juro que prefiero asumir mi recién estrenada inquietud vaginal que volver al infierno —le dije ante el pánico que me entró de pensar en volver a los bochornos. Es más, estoy hasta dispuesta a que me pongan una de esas inyecciones que le ponen a los depravados sexuales para bajarles la libido con tal de no dejar la progesterona.

—No exageres, te voy a enviar unos exámenes hormonales porque creo que sí es un hecho que ya entraste a la menopausia y hay que empezar a tratártela.

—Pero, ¿cómo va a ser posible si apenas voy a cumplir los cuarenta?

—Veamos, ¿a qué edad tuvo tu mamá la menopausia?

—¿Y qué tiene qué ver mi mamá con esto?

—Mucho, eso se hereda. Si tu mamá fue una menopáusica precoz cabe la seguridad de que tú lo seas.

¡Bingo! Mi madre había despedido sus años reproductivos a la tierna edad de los cuarenta y dos. Y ella unida a la otra madre, me refiero a la naturaleza, se confabularon en la entrega de este primer traspaso de males. Sí, estaba siendo la heredera oficial de la precocidad menopáusica de mi madre, pero no la de sus síntomas. Y es que mi progenitora no recordaba haber pasado por la menopausia. Según sus propias palabras, no la sintió.

—¿No sentiste nada, mami, pero absolutamente nada?

—No que yo recuerde. Sólo que se me fue el período y hasta pensé que estaba nuevamente embarazada. Eso sí recuerdo, porque imagínate, yo que pensé que había tenido a tu hermana Nany muy vieja porque tenía 34 años, a los cuarenta y dos me sentía una anciana para esos menesteres.

—Fíjate cómo han cambiado los tiempos. Hoy en día las mujeres empiezan a tener hijos a esa edad. Pero no puedo creer que no hayas sentido ni bochornos...

—Vete tú a saber si los sentí y con el calor que hace en esta tierra ni cuenta me di.

Debo admitir que con el calor que hace en el Caribe colombiano a veces parece que uno estuviera en una menopausia constante, pero estoy convencida de que si mi mamá hubiera pasado por el calor infernal que yo estaba pasando se acordaría. Y es que no sé si tenga qué ver con el hecho de que las mujeres de antes, al no tener tanta información sobre los temas, no se complicaban la vida con ellos y los daban por sentados con un simple la vida es así. Esa es la única explicación lógica que le encuentro a la falta de síntomas de mi madre y hasta de mis abuelas. La menopausia les pasó sin pena ni gloria o como si fuera un parto y la hormona del olvido se hubiera encargado de borrarles su paso por este infierno terrenal. Para todas ellas la menopausia significó el adiós a los períodos y pare de contar. Pare de contar períodos y pare de contar síntomas porque los bochornos, las depresiones y los malos genios brillaron por su ausencia.

Y es que al parecer me podía dar por bien servida. Mis amigas que habían entrado en este proceso menopáusico antes que yo o que lo estaban viviendo, y que inicialmente se mostraron incrédulas ante mis síntomas por aquello de que yo estaba muy joven para esos trotes todavía, eran víctimas del descontrol total. Para unas, el mal genio las hacía sentir como si fueran asesinos en serie con tendencias al canibalismo. Querían matar y comer del muerto. Pasaban de la dulzura a la agresividad sin ningún tipo de escalas en el camino. Disparaban como terroristas sin poder hacer nada al respecto. No lograban entender en qué momento se convirtieron en unos seres malgeniados, agresivos, que vivían en una constante pelotera con el marido, los hijos, los papás, los amigos, la cajera en el supermercado, el conductor del carro de al lado. Parecían granadas listas para detonar y estallar ante el mayor o menor estímulo.

—No me aguanto a mí misma —me dijo una de ellas—. No sé quién es esta vieja, yo nunca he sido así, pero no puedo controlarlo. Qué importante son las hormonas, por Dios.

—Pero, ¿qué es lo que sientes?

—Igualito que el bochorno. ¿Sabes cuándo empiezas a sentir que te entra el calor por el cuello y que el infierno va a llegar sin que puedas evitarlo? Exactamente igual. Sólo que es una rabia, una sacada de casillas, y me disparo. Lo peor no es eso. Con los bochornos pues te sientes mal y hasta te disculpas con un "qué pena, es la menopausia". Pero estos arranques me hacen sentir la peor persona del mundo y después me entra una culpabilidad de haber gritado o tratado mal a gente que no se lo merece. Vivo pidiendo perdón y créeme que las frasecitas de disculpas que tan bien funcionan con los bochornos, en este caso no te sirve de nada. Por más que me disculpe en nombre de la menopausia desde mis hijos hasta le gente en la calle me miran con cara de "sí, vieja pendeja, lo que eres es una amargada cascarrabias".

—Pues sí que te compadezco porque tú, mi vida, estás viviendo doble infierno.

Pero aparentemente lo de convertirte en una vieja cascarrabias, pariente directa de Olafo, es hasta más manejable al lado de otro de los síntomas de la menopausia. Y me refiero a los ataques de depresión que también te pueden llegar a aquejar y de la misma forma, intermitentemente, sin avisar.

—Yo, querida, si esto fuera un menú donde pudiera elegir mis síntomas, te juro que pido sin ninguna duda los calores y los malos genios —me dijo otra amiga que hasta el momento su único síntoma era la depresión.

—No te puedo creer porque los calores son lo peor que te puede pasar.

—Porque no te ha tocado sentir esta pinche tristecita. No sabes lo que es, imagínate nada más que varias veces al día te entrara la sensación de que se te murió un ser querido. Esa es, te entra una tristeza tan grande y profunda como si te hubieran anunciado la muerte de tu mamá. Pero te repito, varias veces al día. Vives en constate duelo de cosas que no han pasado y que no existen porque no tienes motivo para sentirte así. No existe razón, te dices a ti misma de todas las formas habidas y por haber que todo está bien, pero no lo puedes evitar igual te entra y las ganas de llorar por nada te hacen sentir una loca cualquiera a quien le urge un Prosac cada hora. Paso de la alegría al llanto en segundos. De estar bien, sentirme feliz, y de pronto todo se acaba. Ya te lo dije. Como si te hubieran anunciado una muerte, esa es la sensación.

Una sensación que emocionalmente no tiene explicación, al igual que no entendemos los malos genios, o los bochornos. Pero hormonalmente sí tienen su motivo y su razón. Estamos ante un desbalance hormonal de marca mayor, un síndrome premenstrual constante que nos lleva a la categoría de adolescentes en la edad madura. Sí, al igual que los adolescentes no se hayan y cambian de humor con la misma facilidad que cambian de ropa, nuestras hormonas se están encargando de que nos sintamos incomprendidas por el mundo entero empezando por nosotras mismas.

Yo, con excepción de ser la mujer de fuego, y no porque cante como Olga Tañon, me podía dar por bien servida. Hasta el momento mi menopausia precoz y mis hormonas no se habían metido con mi estado emocional. Seguía bastante balanceadita, pero estaba aprendiendo que todos estos síntomas que llegan sin previo aviso nos pueden tomar de sorpresa ya que tenemos la tendencia a creer que la menopausia llega y ya. Sí, como le pasó a mi madre, o como ella la recuerda, porque a estas alturas de su edad hasta cabe la posibilidad de que forme parte de todo lo que se le ha olvidado, que es mucho. Nos cuesta creer que estemos menopáusicas, algo que asociamos con la vejez y que no tiene nada qué ver con nosotras porque no nos sentimos, ni nos consideramos viejas.

Y es que para nuestras antepasadas, la menopausia estaba relacionada con la vejez. Al fin y al cabo, hace cien años las mujeres vivían pocos años después del cese de sus funciones reproductivas. Sin embargo, hoy el promedio de vida es de treinta años más después de los cincuenta, lo que implica que nos queda más de un tercio por vivir. De igual forma, para nuestras abuelas y hasta nuestras madres, la menopausia era un mito de esos de los que no se habla, un tema tabú que aceptaban sin cuestionarse. Un paso más de la existencia que entraba a formar parte de las cosas consideradas pésimo tema de conversación. Y aunque somos parte de una generación que no sólo tiene toda la información del mundo al respecto, que gracias a Dios le ha tocado vivir en una sociedad informada, que ha aprendido a vivir despojándose de los mitos que rodeaban nuestra condición femenina, todavía tenemos la tendencia a repetir mentalmente, como si fuéramos loros, los comportamientos y las ideas con que nos educaron.

La menopausia está en todas partes, en las revistas, en los programas de televisión, en innumerables libros que nos dan información sobre el proceso. Somos conscientes de que aunque sea un paso normal de la vida de una mujer, no necesariamente implica que sea fácil y que no necesitemos ayuda. Es como el embarazo que durante siglos nos lo vendieron como natural, pero hoy en día sabemos que por muy natural que sea es también un desajuste hormonal, emocional y físico. Las mujeres de antes no se quejaban de sus embarazos, era parte de su labor y para muchas hasta su única razón de ser. Tampoco se quejaban de sus matrimonios porque su modus vivendi se reducía a la famosa frase "la vidas es así", "el matrimonio es así", "el embarazo es así", "los hombres son así", y con esta resignación vestían sus vidas sin cuestionárselas ni por un segundo.

Por eso hemos tenido la idea distorsionada de que cuando llegáramos a la menopausia estaríamos viejas y sería tan simple como decirle adiós al período para siempre. Un sueño de opio hecho realidad porque a estas alturas del partido, a no ser que uno sea masoquista o que esté planeando servir de incubadora a alguna hija o nieta estéril, pensar que nos vamos a librar de esa tortura mensual se convierte en un regalo divino. Sin embargo, la cuestión no es tan color de rosa, no llega de un día para otro, y viene con innumerables síntomas que anuncian lentamente el adiós definitivo a la vida reproductiva. Es así como no se llega a menopáusica de un solo totazo, ni tampoco todas llegamos de la misma manera. Para algunas es precoz, para otras se trata de una premenopausia, que no es más que el desbalance hormonal que trae síntomas emocionales y la irregularidad en los períodos, y para las más suertudas sí cabe la posibilidad de que les pase sin pena ni gloria.

Pero como estas últimas son la excepción y una elegida ya no de los dioses, sino más bien de las hormonas, la mayoría de las mujeres experimentamos uno que otro síntoma, dos, y hasta todos los que vienen incluidos en el paquete. Y no hay que tener cuarenta y pico o cincuenta años para experimentarlos porque ciertas sensaciones se inician antes de entrar al cuarto piso y podemos correr el riesgo de confundirlos con cualquier otra cosa, sobre todo cuando se trata de los cambios emocionales.

Así como mi madre confundió su falta de período con un embarazo tengo una amiga que durante años, y lo digo en plural porque fueron más de dos, confundió su tristeza con una pena de amor. Y es que la llegada a los cuarenta la agarró con una ruptura amorosa y el adiós a una historia de amor que significó mucho para ella. No entendía por qué no podía salir de la tristecita en la que se había embarcado. Ella que siempre fue una mujer para quien las relaciones funcionaban o dejaban de funcionar y los largos lutos amorosos se le hacían una pérdida de tiempo y de energía en alguien que seguramente ni lo valía. Era la más fiel exponente de eso de "a rey muerto, rey puesto" y de pronto se encontraba ante una situación en la que el nuevo rey puesto, por más maravilloso que fuera, no lograba evitar que varias veces al día ella suspirara triste y acongojada por el viejo amor. La tristecita la invadía e irremediablemente la llevaba a ese personaje que ya no estaba en su vida, al que estaba convencida ya no amaba, pero que no entendía por qué todavía le causaba esos estados de ánimo depresivos. La cura a su mal de amor le llegó a través de la terapia de hormonas. Cuando los bochornos empezaron a invadirla y consultó con su ginecóloga quien empezó a tratarle su premenopausia, se le fueron no sólo los calores, sino también la tristecita que la invadió durante años y que ella equivocadamente le había adjudicado a su amado tormento. Su problema no había sido de amor, sino de hormonas.

La felicidad, o más bien debería decir, la estabilidad emocional, regresó a su vida y finalmente después de mucho tiempo volvió a reconocerse a sí misma. Y es que muchas veces los cambios empiezan a manifestarse de formas muy sutiles a las que no les damos importancia y evadimos con frases como "yo no sé qué me pasa, pero ando de un genio negro" o "no sé qué se me ha metido en el cuerpo, pero ahora se me ha dado por la lloradera". Por lo menos ese el caso de mi hermana Soqui que la entrada a los cuarenta le ha llegado lleno de sensibilidad. De haberse caracterizado en su vida por ser una mujer pragmática, contundente, que no resistía las zalamerías y mucho menos la cursilería, ahora vive con los ojos enchumbados de lágrimas. Todo la conmueve hasta el llanto y en su compra de cosméticos se ha convertido de vital importancia que el rimel, el lápiz delineador y hasta las sombras sean a prueba de agua. De no ser así, corre el riesgo de ir como mapache por la vida o como prostituta trasnochada.

Al paso que íbamos, mi hermana y yo nos estábamos convirtiendo en las compradoras número uno de Kleenex. Ella para los ríos de lágrimas y yo para los de sudor. Sin embargo, como lo importante es saber y creo que en el conocimiento está la paz, decidí estudiar el tema y darme a la tarea de entender a estos personajes llamados hormonas que mientras funcionaron ni supe qué tenía en el cuerpo, pero que en el momento en que decidieron dejar de hacer su trabajo como deberían, me estaban acabando con la existencia. Yo que hasta ese momento los únicos desbalances hormonales que había sentido eran los de la pasión. Esa locura química que me llevaba a enamorarme de un personaje en especial sin poder decir por qué ni cómo, y que cuando me entraban me daban la maravillosa oportunidad de emparejarme. Pues ahora estaba ante un nuevo tipo de desbalance y los calores no se parecían para nada al rubor que me entraba ante el amor o al sudor de mis manos cuando el personaje me llamaba o a las palpitaciones de sólo pensar en verlo.

Herederas universales

Y es que estaba ante una de las herencias más famosas de la historia. O más bien debería decir ante una de esas herencias malditas en las que los padres meten la pata y los hijos terminan pagando las consecuencias. Estaba heredando el legado de una primera mujer que con su actitud condenó a toda su descendencia. Al menos eso era lo que decía la Biblia, como mujer estaba pagando la deuda pecadora de mi antepasada Eva y no había sido suficiente con los pagos mensuales que llevaba años depositando religiosamente, ni con el dolor de traer los hijos al mundo. Al parecer, este último pago, que sería el que me librara de la deuda para siempre, y del que Dios nunca habló o lo escribió en letra bien menutida, si no me ponía las pilas podía dejarme la salud en números rojos.

Para colmo de males, el banquero, léase el mismísimo Dios, como que no era muy dado a eso de hacer reajustes de acuerdo con los cambios en el mercado. No, el señor seguía empeñado en que pagáramos sin tomar en consideración los cambios que se han dado en la bolsa de valores humanos y que no sólo las mujeres estábamos pagando a cabalidad nuestra deuda, sino que además habíamos terminado haciendo uno que otro pago correspondiente a la deuda masculina. Eso era un hecho ineludible, muchas mujeres llevaban varias décadas, ya fuera ayudando a los hombres a buscar el pan con el sudor de su frente, o sudándolo solas. Me parecía muy injusto entonces que esto no se tomara en cuenta cuando yo era una de esas que estaba cargando sobre mis hombros la deuda en su totalidad y que el pago final también corriera sólo por mi cuenta. Porque de que lo estaba sudando, lo estaba sudando y por partida doble. Sudaba, ya no por el pan, por aquello de la dieta de los carbohidratos, pero sí por ganarme mi dinerito, y sudaba a chorros la cancelación de la deuda mientras que los descendientes del cómplice de Eva en el desfalco a las arcas del Paraíso seguían gozando de la clemencia divina.

Si en algún momento de mi vida, en un acto de feminismo iluso y ciego, llegué a considerar la posibilidad de que Dios fuera mujer, estaba ante la dura realidad de que eso era tan imposible como meter al famoso camello por el hueco de una aguja. Las cosas no habían cambiado desde el episodio en el Paraíso cuando ante los hechos acaecidos Adán se lavó las manos como lo haría Poncio Pilatos siglos después, echándole la culpa a la mujer con un simple "la mujer que me diste me dio de la fruta prohibida" y Eva pasó a ser la autora intelectual del desfalco. Los hombres, por su calidad de cómplices, pasaron a pagar una condena menor.

Y aquí estaba, era una de las herederas universales de Eva y con el agravante de que por aquello de mi recién estrenada presbicia, o lo que viene a ser lo mismo no veo ni madres de cerca, la letra menudita en la que venían incluidos las formas de pago que cerrarían la deuda me estaban cayendo encima sorpresivamente. Las anteriores deudoras como que no tuvieron conocimiento de lo que se decía en esas cláusulas escondidas, y pagaron sin quejarse, y sin darse por aludidas. Dieron por cerrada la deuda con resignación. Estaban tan agradecidas de acabar con esos pagos mensuales y con la posibilidad de que les cobraran una cuota extraordinaria más como las que ya habían parido en el camino, que cuando les llegó la hora de liquidar, liquidaron sin ningún tipo de cuestionamientos.

Pero al igual que hice cuando me tocó mi primer pago mensual hacia años, decidí que si le buscaba explicación a mi división de males en el Paraíso corría el riesgo de acabar con la poca fe que me quedaba. La naturaleza tenía explicaciones más lógicas para el proceso que estaba viviendo y por más que en estos temas brillaba más por su injusticia hacia el sector femenino que por su famosa sabiduría, debía reconocer que los avances de la ciencia habían logrado ponernos en una lupa la letra menor y además se estaban encargando de buscar remedios para suavizar los pagos. Algo así como que ya no teníamos que contar billete tras billete, centavo tras centavo, con una tarjeta de crédito hormonal el proceso era mucho menos engorroso y doloroso.

Porque al fin y al cabo esto se trata de hormonas. Ellas son las que dan nombre y apellido a todos nuestros síntomas. Y el estrógeno que ha sido la gran protagonista, la que ha hecho una actuación digna de Oscar hasta los cuarenta, resulta que se ha convertido en una diva que arma rollo por todo, que cambia de estados de ánimo, y que un día quiere trabajar y el otro no. Lo peor es que a su huelga se unen otras hormonas en una manifestación constante en la que exigen el cierre de la fábrica. Bueno, no debería decir que ha hecho una actuación digna de Oscar hasta los cuarenta porque la realidad es que este desajuste y este tipo de manifestaciones también ocurrieron en los tiempos en que la fábrica dio inicio a sus labores reproductivas. De igual forma son muchas las mujeres que han sentido en carne propia los desajustes hormonales llamados PMS, o síndrome premenstrual, que se pueden considerar pequeños avances de lo que les iba a suceder cuando se hiciera la clausura oficial del changarro.

Con excepción de lo que podríamos llamar unas actuaciones mediocres, que le suceden hasta al actor más experimentado y brillante, se puede decir que los estrógenos y el resto del reparto la progesterona, los andrógenos, el estradiol, durante años hicieron su papel a conciencia. Sin embargo, cuando llegamos a los cuarenta lo único que tenemos asegurado es la irregularidad producto de la mala sincronización entre los estrógenos, el resto de hormonas y sus distintos receptores neuronales. Y como ellas han sido las encargadas durante años de controlar la memoria, la percepción visual, el balance emocional, la concentración, el proceso matemático, la habilidad verbal, la coordinación motriz, y hasta la temperatura, estamos ante un desbalance hormonal que nos afecta física y emocionalmente. Nos abandona la memoria, el termostato interno se aloca y vienen los bochornos, perdemos la concentración, nos falla el lenguaje, y hasta tenemos problemas de motricidad. Y según la sicóloga de la salud Claire Warga, todos estos síntomas además no llegan de un solo totazo, sino más bien de forma intermitente anunciando la menopausia. Como quien dice, estamos en manos de unas hormonas que cuando se suben nos crean intranquilidad, no nos dejan concentrarnos, pero que si se bajan son capaces de acabar con nuestro ánimo y deprimirnos.

No, si es que esto de la menopausia va mucho más allá del, para este momento, bienvenido adiós al período. Y es que definitivamente nunca quedó más claro aquello de que para ser mujer hay que ser valiente. En el caso de los hombres, la cuestión no es tan dura, ni tan radical como nos ha tocado a nosotras. Sin embargo, no quiere decir que no lo sufran, pero ellos cuando llegan a los cuarenta no presentan un relajo tan grande de la testosterona y los niveles hormonales. Y es que en el caso del sector masculino esos niveles empiezan a bajar desde los treinta años de edad en un promedio del 1 al 2%, como quien dice casi ni se les nota, y es a partir de los cincuenta que uno que otro hombre empieza a sentir síntomas como la disminución del interés sexual, de energía física, de fuerza muscular, erecciones menos firmes, cambios en el sueño, nerviosismo, calores e irritabilidad constante que muchas veces no es más que síntoma de tristeza. Ya sabemos que los hombres son muy dados a demostrar la tristeza y la depresión a través de la irritabilidad.

Sin embargo, cuando se trata de nosotras, según un estudio de la revista *Newsweek*, son muy pocas las mujeres que se salvan de sufrir los síntomas comunes de la menopausia. La mayoría sufre de acaloramientos, transpiraciones nocturnas, y yo le agregaría diurnas porque las mías no escatiman ni de día ni de noche insomnio, insomnio debido al alcohol, irritabilidad, cambios de humor, pérdida de memoria por períodos breves, dolores de cabeza, sequedad vaginal y aumento de peso. Como quien dice que nos lleve el Diablo, porque de igual forma la famosa revista afirma que el resultado de todos estos síntomas es un descontrol emocional que nos enloquece ya que somos incapaces de controlar o predecir lo que vamos a hacer o sentir tres segundos después.

Ante este rosario de males, donde es un hecho que los misterios gozosos brillan, pero por su ausencia para dar paso sólo a los dolorosos, hay que darse por bien servido si no le toca a uno todo el paquete. Ahora debo admitir que esta lista, aunque aterradora, también me tranquiliza. Es un hecho ineludible que no me estoy volviendo loca y que muchos de mis síntomas tienen una explicación, una razón de ser, y forman parte de la jodidosofia, léase, estamos todas jodidas y eso aliviana el alma por aquello de no estar solo en el dolor. Y es que ya me habían empezado a preocupar mucho ciertas cosas que me pasaban y que no entendía.

Lo de las sudoraciones nocturnas y diurnas era claro que tenían que ver con la menopausia, pero hasta que leí este estudio de *Newsweek* estaba convencida de que me había llegado la hora de dejar el alcohol. Bendito sea Dios, la Virgen y todos los santos, porque me negaba a pensar que en la sequía en la que estaba entrando mi vida, sequía de óvulos, sequía de piel, sequía vaginal y hasta sequía mental, también entrara la sequía etílica. Es más, fue un convencimiento generalizado entre mis amigas que no entendíamos por qué después de varios vinos caíamos dormidas como bebés, para a las tres o cuatro horas despertarnos como si hubiéramos dormido catorce horas. Con el ojo parado, sin cinco de sueño, y con una eterna noche por delante comiendo techo. Lo hicimos todo, cambiamos de vino tinto al blanco, de ahí pasamos a la champaña convencidas de que el problema radicaba en el tipo de alcohol. Después de comprobar que nada de lo que hiciéramos nos libraba del insomnio etílico, nos entró la tristeza de pensar que nuestras tardes de charlas estaban condenadas a bañarse con agua. Al fin y al cabo, como también el insomnio generalizado se había apoderado de nuestras vidas, el café, a no ser que fuera descafeinado, formaba parte de esas cosas que entraban en la categoría de "mejor no". Así que comprobar que nuestros problemas de sueño no tenían qué ver con el alcohol ni con el café, sino con las hormonas, nos ha devuelto el alma al cuerpo. No quiere decir que el asunto quede resuelto, pero por lo menos queda la esperanza de que cuando todo esto pase podremos volver a tomar libremente sin el fantasma del insomnio acechándonos.

De igual forma me tranquilizaba mucho aquello de la pérdida de memoria por períodos breves. Sí, ya había aceptado que mi memoria no era la que fue y sabía que la culpable era la edad. Pero debo admitir que me asustaban mucho esos *lapsus mentis* en los que se me iba de la cabeza un nombre y me encontraba con un vacío cerebral demasiado cercano a la idiotez para mi gusto. Lo peor era que ante el olvido, me dejaba de interesar el tema del que hablaba y me quedaba atascada en la más firme intención de recuperar lo que se me había olvidado. Un empeño sin sentido, que no lograba controlar. Pero como no me estaba pasando sólo a mí eran muchas las conversaciones donde el común denominador era la pregunta de "pero ¿qué importa el nombre de la tipa? sigue el cuento" o "¿qué importancia tiene en qué ciudad pasó, di lo que ibas a decir", mientras la dueña de la historia o del chisme continuaba hurgando en su cabeza en búsqueda del nombre del personaje, o cuál era la ciudad, o la profesión, o el color, como si de eso dependiera su propia vida. Era un Tafil, tranquilizante para el alma pensar que estos momentos de olvido no significaban un futuro de idiotez, sino parte del desajuste hormonal propio de la menopausia.

Y es que entender sirve, y sirve mucho, sobre todo para una generación de mujeres que ha sido dueña de sus propias vidas, que han controlado sus existencias, y que no pueden conformarse como lo hicieron nuestras abuelas con un simple la vida es así.

—Vengo de mi ginecólogo —me dijo Diana— y me ha certificado oficialmente como una menopáusica en potencia. Y no sabes la tranquilidad. Llegué y se lo anuncié a mi marido y a mis hijos para que sepan que tengo todo el derecho del mundo a estar amargada, a quejarme, a tener mal genio, a parecer caballo de carreras después de una competencia, a llorar por cualquier cosa, a que se me olvide hasta dónde estoy parada y que sepan de una vez por todas que no me estoy volviendo loca, simplemente estoy menopáusica.

—Uta, es que sería bueno que ya lo certificaran como una enfermedad aunque sólo fuera momentáneamente. A mí me urge que hasta sea un certificado oficial, o sea un papel que pueda enmarcar y poner en algún lugar en mi casa. Es más, así como cuando sales de la universidad te dan tu título, y además hasta puedes comprar un anillo que te acredite como graduada. Igualito, y deberíamos tener el anillo o un prendedor como esos del lacito del sida, que le deje saber al mundo que está ante la presencia de una menopáusica para que nos entiendan. Que el mundo entero nos oficialice en una causa humanitaria, no para que aporten dinero, sino más bien comprensión. Así si en el súpermercado las hormonas deciden que es momento de irritabilidad, ante la pelea con la cajera, ella te mira, ve el lacito de la menopausia y se conduele de ti. Igual si te agarras a llorar porque no encuentras la mayonesa. Y no te tienes que enfrentar a la cara de esta vieja loca y amargada.

—Pues sería buenísimo porque si es muy difícil de entender para los demás. Mi hija Verónica cuando le anuncié que era una menopáusica oficial y que tenía que tenerme paciencia me dijo que ahora sí nos habíamos jodido porque tenía el paquete completo "Ciega, sin memoria, con desorden de atención y menopáusica". Y no logro entender por qué yo vivo disculpando a mis hijos con su desbalance hormonal propio de la adolescencia y ni ellos, ni mi marido logren entender que yo estoy en las mismas. Al fin y al cabo, en mi casa lo que pasa es que todos estamos en desbalance hormonal que, según tengo entendido, es casi igualito. Lo dice un libro, estoy en la segunda adolescencia.

—Pero ¿y te mandó el médico hormonas?

—Ah, sí, ya empecé y soy feliz. Todas las mañanas salgo y una hormona para mí y otra para mis orquídeas. Ha sido la salvación y la confirmación de que estoy ante una enfermedad que se me va a curar eventualmente, pero que mientras tanto necesito de ayudita para poder lidiar con los síntomas.

Y es que la terapia hormonal se ha convertido para muchas mujeres en la salvación. No sólo las libra de muchos de los síntomas que hacen de sus vidas un infierno en la tierra, sino que además puede ayudar con problemas eventuales como la osteoporosis y las enfermedades cardíacas. Pero como en todo lo que nos ha tocado a las mujeres, tiene su parte oscura. Sí, así como tenemos la satisfacción de tener hijos, pero el hecho implica dolor, podemos gozar del sexo, pero cabe la posibilidad de que si no nos cuidamos tengamos embarazos no deseados, las hormonas tienen el riesgo de posibles cánceres. Cuando pensábamos que habíamos agarrado el cielo con las manos y que todos nuestros problemas menopáusicos tenían solución en la famosa terapia hormonal en el año 2002, Claude Lenfant, director del Instituto Nacional del Corazón, los Pulmones y Sangre de Estados Unidos, anunció que un estudio sobre la terapia hormonal había demostrado que se corría el riesgo de desarrollar cáncer de mama y enfermedades cardiovasculares. El adiós a la paz y la tranquilidad que nos daban las hormonas y la entrada definitiva al mundo del sí pero no en el que nos envuelven todos estos estudios. Un día algo es bueno, y al día siguiente ya no tanto. El resultado fue el pánico de muchas mujeres que llevaban años tomándolas y gozando de sus beneficios. La controversia llegó y la incertidumbre de no saber qué hacer se apoderó de las mujeres que veían en estos estudios el regreso innegable al infierno menopáusico o la posibilidad de una enfermedad mucho peor.

Hasta el día de hoy seguimos en el sí pero no, sin embargo, los expertos en el tema aconsejan que lo más importante en este momento es cuál tratamiento seguir, sino más bien qué médico elegir. Encontrar un ginecólogo especialista en el tema, que esté actualizado, que se viva actualizando, que nos vea no como a unas locas del mismo grupo, sino más bien como seres individuales y de igual forma trate nuestros síntomas. En sus manos estará encontrar el mejor tratamiento para nosotras en particular y en nosotras estará tener la fe y la confianza en sus decisiones. Y la fe es muy importante en esta etapa porque si uno se deja llevar por las conversaciones con amigas, por los artículos amarillistas sobre el tema, y por una sociedad consumista que muchas veces se basa en el pánico, vamos a terminar más locas por lo que escuchamos que por el efecto del desbalance hormonal que estamos viviendo.

Pero si estamos viviendo un desbalance hormonal llamado menopausia, también es cierto que lo estamos haciendo en el mejor momento. Y me refiero a que somos parte de esta generación de mujeres que no nos hemos resignado a vivirla en el silencio y la vergüenza como lo hicieron nuestras antepasadas. No somos unas menopáusicas porque sí, porque la vida es así, y a aguantar se dijo. Queremos respuestas, queremos entender, queremos soluciones, y los avances de la ciencia están a nuestra entera disposición para ayudarnos. Hablamos del tema sin tapujos, nos quejamos con las amigas, comparamos síntomas y hasta competimos para ver a cuál le está yendo peor. En cierta forma somos el equivalente a un grupo de ayuda espontáneo. Porque sí, en el país de la autoayuda, donde se venden millones de libros con el título de *Ayuda para idiotas*, léase en Estados Unidos, existen grupos dirigidos a las menopáusicas. Lo que me confirma que la cuestión es tan dura que amerita la búsqueda de apoyo y consuelo en quien sea, aunque sean extraños, para sentirnos parte de una misma desgracia. Muchas mujeres asisten a estos grupos para sentirse comprendidas ante la sarta de síntomas que las aquejan, y otras, las que yo llamaría más cursis, porque las deprime horriblemente el pensar que están dejando atrás su etapa reproductiva y que su condición de mujer empiece a estar en entredicho. Más que cursis debería decir masoquistas, y es que después de tantos años desangrándonos mensualmente, viviendo síndromes premenstruales cada tres semanas y de parir con dolor, me es incomprensible que quieran seguir en el martirio y que encima sea porque consideren que eso es lo que las hace mujeres. Pero como dicen por ahí, de todo hay en la viña del Señor.

Y yo soy una de las que agradecen este tipo de sequía. Pensar que no vería más el período y que encima me libraría de la posibilidad de una metida de pata a estas alturas del partido, hacía que todo este proceso, con su consabida ayudita médica, fuera mi sueño de opio hecho realidad. Sí, por mi condición de mujer soltera la verdad es que me quedaría de quinta salir embarazada. Eso es perdonable cuando uno tiene quince años, pero a los cuarenta salir con este chorro de babas es una soberana tontería. No estaba yo para esos trotes y pensar que esa dejaría de ser una de mis grandes preocupaciones hacía que esperara con singular alegría el momento en que la fábrica clausurara definitivamente las puertas. No veía la hora de que mi vida reproductiva acabara, así no la hubiera usado nunca, y todos mis síntomas pasaron a ser la promesa de que el momento esperado estaba por llegar. Y hasta le agradecía a mi madre el haberme trasmitido este mal antes de tiempo y que su precocidad menopáusica me la hubiera legado a mí. Por supuesto que me habría encantado que en su división de males también hubiera tenido el buen gusto de incluirme la ausencia de síntomas. Pero es que en esto de los fideicomisos no es lo que uno quiera, es lo que nos dejaron y lo que decida la persona encargada de administrar la no-fortuna. Y aquí sí que tuerce la puerca el rabo porque estaba ante la madre naturaleza que, debo admitir, después de tantos huracanes que me han tocado vivir no la considero una persona muy justa o sabia.

La división de bienes y males

Como quien dice, estaba ante una de esas herencias que traen en letra menuda una cláusula que dice que la entrega no es en su totalidad y que recibiré centavos más o centavos menos. Y cuando uno se da cuenta de que el patrimonio puede estar en entredicho, léase hay cosas que a lo mejor no recibas y en otras recibirás de más, no queda de otra que empezar a hacer un inventario concienzudo de los posibles males que te serán heredados. Por lo menos esto fue lo que le entendí a mi médico en el siguiente examen físico que tan folclóricamente me había hecho anualmente con el propósito de saber si estaba bien. Aparentemente, estaba entrando en la edad en que estar bien era importante, pero no tanto como el empezar a prevenir. Ya los primeros síntomas de que mi salud había dejado de tratarse sólo de mí, para empezar a tratarse de mi papá y de mi mamá, se empezaban a sentir.

Y es que en esto de las herencias de enfermedades estamos ante uno de esos episodios de telenovela mexicana en la que los posibles herederos se sienten enfrente del abogado para escuchar la última voluntad del difunto. Con cara de aterre los actores se enteran de una división que casi siempre es injusta y que incluye a una desconocida que se lleva la mejor parte. Pues nosotras, a partir de los cuarenta nos sentamos en el tiempo para ver con qué nos sale la madre naturaleza en la repartición de males y de bienes que nos han dejado nuestros progenitores. La diferencia radica en que ojalá y cuando se trata de los males la telenovela de nuestra vida incluyera algún personaje desconocido que corriera con la mala suerte de heredar la parte gruesa de la herencia. Y digo también de bienes porque no puedo ser injusta con mis viejos. Así como mi padre me legó las várices que empezaban a invadirme también a él le debo una tonicidad muscular que como si fuera palmera ha logrado librar los vientos huracanados de la ley de la gravedad. Todavía todo sigue en su sitio y la temida celulitis hasta el momento era un problema incipiente. A mi madre estaba en la obligación de agradecerle un pelo que permanecía en la cabeza porque con la calvicie de mi papá el trabajo que sus genes tuvieron que hacer para contrarrestarla merece mi respeto y admiración. Además en esto de la herencia capilar mi madre hasta tuvo el decoro de heredarme la cabellera y encima incluirme la falta de pelos en otros lados. Gracias a ella, no corría el riesgo de que me salieran bigotes o vellos no deseados, porque me legó lo lampiña. Para mis hermanos la cuestión era diferente porque estamos ante el equivalente de heredar un apartamento, o una casa, o una finca, o un carro. De igual forma, a esta edad los males se heredan indiscriminadamente y uno tiene que lidiar con lo que le tocó.

Sin embargo, con los males, es de las pocas veces, si no la única, que uno preferiría heredar lo menos posible. Ruega uno por que le toque el apartamentito horrible y destartalado, y no la casa familiar porque según mi médico de cabecera el futuro podría ser color de hormiga. Debía comenzar a hacer un estudio concienzudo de la salud de mis progenitores. Así como hay gente que se divierte buscando el árbol genealógico de sus familias para saber de dónde vienen y con la esperanza de que la sangre azul aparezca en alguno de sus antepasados, de igual manera mi tarea ahora era buscar las posibles ramificaciones enfermedalógicas, si es que existe esa palabra, familiares.

Pero contrario a lo que sucede con la repartición de bienes, que lo que te den te cae divinamente porque el dinero es siempre bienvenido, cuando se trata de males estamos hablando de palabras mayores. El cáncer es una de esas herencias malditas que si las mujeres de la familia lo han padecido cabe la posibilidad de que se convierta en una sentencia. Sobre todo, cuando se trata de cánceres cervicales y de mama. Y la sentencia es grande, ya que la relación del cáncer con la genética es tan alta que muchas mujeres con este historial familiar se practican la mastectomía profiláctica. O, lo que viene a ser lo mismo, se extirpan las mamas sanas como medida preventiva para no vivir con la angustia de una herencia que no se le desea ni al peor enemigo.

A partir de este momento palabras malditas como cáncer, diabetes, alzheimer, mal de Parkinson, presión arterial alta, problemas cardiovasculares, el famoso colesterol alto, y hasta la depresión, forman parte de una herencia genética que si existe en el historial familiar cabe la posibilidad de que nos caigan encima. Y si nos ponemos esotéricos nos pueden caer encima hasta la herencia de los bisabuelos y tatarabuelos que nunca conocimos. Al menos eso leí en un libro que hablaba de cómo muchas de las cosas que nos pasan son karmas que estábamos pagando de otras vidas. Pero no de cosas que hayamos hecho nosotras. La nueva teoría es que cabe la posibilidad de que también paguemos las de nuestros antepasados en una nueva forma de herencia karmática que nos obliga a pagar las deudas familiares así no hayamos tenido vela en ese entierro. Y puede ser cierto. Al fin y al cabo, si seguimos cargando con la herencia de Eva, en el camino se nos puede atravesar cualquier otro personaje. Al menos lo de Eva ha sido bien publicitado a través de la historia y sabemos a qué atenernos, pero en el caso de los otros antepasados está bien complicado saber de qué sufría el tío tatarabuelo que desde la tumba nos puede heredar uno que otro mal. Aquí sí que no tendríamos más remedio que buscar al doctor Weiss, ese que escribió el libro *Muchas vidas, muchos sabios*, para que nos haga una regresión a esa vida para saber de qué carajo sufríamos en esa época. Afortunadamente no soy esotérica y ante este nuevo descubrimiento no me interesa serlo porque ya no necesito heredar más karmas, ni males, con los recientes tengo y me sobra. Y esos son los que tengo que cuidar y prevenir por aquello de no lamentar.

Así como llevaba años poniéndome crema en el cuello y las manos desde el día en que me di cuenta de que las primas de mi mamá tenían estas partes arrugadas como pasas y me aterró pensar que ese fuera a ser mi destino, de igual forma con las enfermedades hay que prevenirlas. También llevaba algunos años tomando calcio por miedo a la osteoporosis. Cuando tenía 35 leí un reportaje sobre el tema y no sé por qué en ese momento me pegó tan duro saber que con la edad podía perder mi densidad ósea. Me pareció horrible que cualquier caída futura podría incluir un fémur que no pegara por culpa de este mal y que terminara en una silla de ruedas. En el reportaje decían que una de cuatro mujeres desarrolla osteoporosis y que cerca del cincuenta por ciento de las mujeres mayores de cincuenta años sufrirá una fractura relacionada con dicho padecimiento. Decidí seguir los consejos de esos expertos y empecé a tomar mi calcio diariamente. Hoy en día es de conocimiento generalizado que existe un setenta por ciento de probabilidades de heredar esta condición si nuestra madre la ha padecido y que a partir de los cincuenta la densidad ósea de cualquier mujer declinará un tres por ciento anualmente. ¡Hay que joderse! porque la naturaleza no es tan sabia como nos han querido hacer creer, si lo fuera, ese tres por ciento de decline nos lo hubiera dado en el metabolismo y así con la edad podríamos comer más y engordar menos. Pero si la naturaleza era injusta los estudios médicos a veces se dedican a desayudarnos y resulta que después de años ingiriéndome el calcio diariamente y convencida de que estaba previniendo mi sentada en la silla de ruedas, salen otros estudios afirmando que de nada me ha servido tanto calcio, bueno excepto para crearme cálculos en alguna parte de mi cuerpo. Afortunadamente, hasta el momento el único cálculo que estaba haciendo tenía que ver con una serie de males que formaban parte de la edad, de la herencia genética, y hasta de mi forma de vida.

Aparentemente, por lo que me decía mi doctor, las herencias iban más allá y en ellas también debería incluir los malos o buenos hábitos que hubiera heredado de mis padres. Había llegado la hora de hacer un inventario de mi vida y de si he sido buena, justa, y cuidadosa con mi propio cuerpo. Me dio una lista con los exámenes que debería hacerme para saber cuál era mi estado actual, me entregó un cuestionario de preguntas para mi madre sobre el historial familiar y con un "hay que cuidar la salud, es un tesoro" me dio la entrada oficial a los cuarenta. Más claro no podía quedarme, hasta hace algunos años la juventud era el divino tesoro, pero como ya a la juventud ni aspirar podía, mi nuevo tesoro era la salud.

5

Salud, divino tesoro

Me sentía como si fuera un coche al que hay que chequearle cada una de sus partes para saber si continuaba en buenas condiciones, o si necesitaba cambiarle algunas piezas para que pudiera seguir funcionando y evitar que nos dejara tiradas en medio de la carretera el día menos pensado. La lista de exámenes que tenía en mis manos se me parecía muchísimo a la que le entregan a uno cuando lleva el coche a mantenimiento. Era larga y llena de términos, algunos conocidos y otros desconocidos, pero no era la normal y cortita de las primeras diez mil millas. Estaba ante el equivalente del chequeo de un coche que ya ha recorrido más de cien mil millas. Las épocas en las que se le cambiaba el aceite y se le hacía un *tune up* quedaron atrás para dar paso a un examen exhaustivo de cada pieza.

—Radiografía del tórax para saber el estado de los pulmones y el corazón.

—Un ultrasonido que incluya hígado, vesícula, páncreas, riñones y bazo.

—Electrocardiograma, para saber cómo estaban el corazón y las arterias.

—Prueba de audiología o agudeza auditiva.

—Examen de la vista.

—Examen de diabetes, si existe historial familiar.

—Mamografía o mastografía o radiografía de las glándulas mamarias.

—Ultrasonido intravaginal para mirar ovarios, útero y vejiga.

—Papanicolao o citología.

—Examen de colesterol y triglicéridos

La buena noticia era que, según el médico, estos exámenes no tomarían más de cinco horas y con excepción de las pruebas de sangre no sería ni molesto ni doloroso. Hombre tenía que ser para hablar tan ligeramente de la ausencia de molestias y dolor. Ni idiota que yo fuera. Definitivamente el hombrecito este no era mujer. En su vida se había hecho una citología, porque aunque no duela le tengo la noticia de que sí molesta, y mucho. Molesta que a uno le metan un espéculo donde, te dije, lo abran, te introduzcan la mano para ver cuál es el estado de los ovarios, y con un palito te raspen las paredes de tu matriz para sacar la muestrita que dará el resultado de la citología. A mí, hasta mareo y náuseas me dan cuando me hacen ese examen. No sé por qué, pero aparentemente mi matriz está unida de alguna forma a mi sistema digestivo. Debe ser esa la misma razón por la que el pensar en irme a la cama con alguien que no me hace ni cosquillas también me da asco, mareo y náuseas. Mi sistema reproductivo y digestivo es un hecho que están súper conectados.

Sentada allí, con las piernas abiertas, después de haber pasado por el episodio del espéculo y ahora siendo víctima de una violación por medio de una ecografía transvaginal escuché a mi ginecólogo decir que tenía unos ovarios tornasolados y hermosos y una matriz de niña de quince años.

—Y usted podría darme un certificado de eso.

—¿De qué? —me preguntó.

—De que tengo una matriz de jovencita de quince años.

Sonrisa apenada de mi médico.

—Es que debe entender que para mí esto puede ser un as bajo la manga. Imagínese a esta edad donde ya nada luce como cuando tenía quince años sería bueno tener un certificado para cuando conozca al galán decirle que aunque ya no soy una quinceañera cuando entre seguramente se va a encontrar con una.

Maldita sea la hora en que abrí mi bocota. Porque estaba convencida de que lo que siguió se lo debo a la bromita que seguramente mi ginecólogo consideró de pésimo gusto. Lo siguiente que sentí fue un dedo entrar por ese sitio donde hasta entonces sólo salían cosas. Me imagino que con excepción de los supositorios de glicerina y del termómetro cuando era bebé, de lo que no tengo recuerdo alguno no sé si por negación o por incapacidad para recordar, por ahí no había entrado nada. Di un salto aterrada, a lo que el doctor respondió con una sonrisita: "bueno, se puede decir que ya no eres virgen por ningún lado". Había sido víctima de un examen de colon, obligatorio después de los cuarenta. Y en esta segunda pérdida de virginidad ni siquiera conté con quién me apapachara después, ni me consintiera. Fue en seco, nunca mejor dicho, sin ningún tipo de preámbulo amoroso. No quedaba ningún orificio de mi cuerpo que ya no hubiera sido explorado aunque fuera por un simple *qtip* o un atomizador nasal.

Al fin y al cabo, para la famosa prueba auditiva también mi oído sufrió una penetración y aunque siempre he pensado que la virginidad auditiva la había perdido hacía años porque considero el oído como el órgano sexual femenino más importante ya que por ahí es por donde nos entra el cuento, me preocupaba esta recién estrenada información de que también me podía estar volviendo sorda. Ya ciega estaba, pero tenía entendido que la naturaleza nos había dado la maravillosa capacidad de que cuando uno pierde un sentido otro se agudiza en un intento por balancear las cosas. Fue lo que escuché decir siempre, que los ciegos tenían un oído impresionante y viceversa. Pero no, al parecer la naturaleza no reserva este tipo de sabiduría para la gente de la mediana edad y corría el riesgo de ir perdiendo mi capacidad auditiva sin importar lo ciega que ya estuviera. El solo pensamiento de que podría agregarle a mi ceguera la sordera era doloroso por mucho que mi doctor me hubiera dicho que era una medida preventiva.

Me daban ganas de llamar a mi médico de cabecera para sacarlo de su equivocación y además para que se pusiera más a tono con la realidad de los exámenes femeninos. Esto no era como él lo pintaba sin dolor y sin incomodidad. Mucho más cuando me enfrenté a la máquina de la mamografía y la técnica me explicaba el procedimiento. Era un monstruo gigante que parecía una pala de esas que usaban las abuelas para agarrar elegantemente las galletas a la hora del té, sólo que las galletas esta vez iban a ser mis senos. Uno a uno lo pondría entre las tenazas y ella apretaría de frente y de cada lado para tener las placas desde todos los ángulos. Algo así como las fotos que les toman a los delincuentes, de frente, por la derecha, por la izquierda. Rogaba a Dios que esa mujer fuera feliz, que tuviera un marido cumplidor y que esa mañana no hubiera tenido ningún tipo de contratiempo porque si se desquitaba conmigo mis senos serían el equivalente a un limón en el exprimidor de mano que tanto me gustaba y tan efectivo me parecía. Estoy segura de que si a mi doctor le hicieran lo mismo con sus huevitos otro gallo cantaría y los exámenes pasarían a ser ya ni incómodos, sino más bien a la categoría de dolorosísimos. Ver y sentir cómo tus senos son estrujados, aplastados, exprimidos, duele y de incomodidad ni hablemos porque eso sería un eufemismo. Y por supuesto, después de haber pasado por estos exámenes, lo de la sacada de sangre es una legaña de mico y el resto de las pruebas pasan sin pena ni gloria.

Bueno, lo de pena ni gloria va entre comillas porque la realidad es que a partir de los cuarenta entre las herencias, la edad y los síntomas de que este cuerpecito ya no es lo que era, ir donde el doctor pasa a la categoría de agarrarse a Dios, la Virgen y todos los santos para que todo esté bien. En los tiempos en que la juventud era mi divino tesoro mis visitas donde el médico se reducían a cosas de rutina o a exámenes físicos que me hacía, más por usar el seguro que tanto dinero me costaba mensualmente, que por pensar que tuviera algún problema. Con el tiempo hasta dejé de ir cuando tenía gripa, o infección estomacal, o me dolía la garganta porque me cansé de que me dijeran que era un virus. Y es que en esta nueva cultura de los virus, todos los síntomas que presentaba así fueran una de esas gripas que te duelen hasta los dientes habían pasado a la categoría de viral. Y como la mayoría de las veces el remedio es darles tiempo para que salgan solos y una que otra medicina para apaciguar el malestar, decidí que era una perdedera de tiempo ir donde el doctor. Me aburrí de que la respuesta a todos mis males fuera viral y estaba convencida de que así le llegara con síntomas de embarazo a mi doctor la respuesta sería la misma, un virus que se me metió en el cuerpo y que seguramente en nueve meses se saldría.

Pero ahora que había entrado oficialmente a los cuarenta las cuestiones de salud se debían convertir en una prioridad por aquello de la prevención y el mantenimiento. Estaba en la obligación de ponerme las pilas previniendo que alguna de las herencias malditas me cayera encima, intentando mantener lo que quedaba de mi juventud perdida y, lo que era más importante, estar consciente de todo lo que sintiera. No podía restarle importancia a ninguno de mis síntomas porque mi cuerpo estaba hablando. Y vaya que hablaba, porque no contento con gritarle al mundo a través de arrugas, flacidez, resequedad, canas, y hasta várices, que iba rumbo a la vejez más rápido que ligero, la verborrea corporal también incluía síntomas difusos sobre mi deterioro interno.

Y según Deborah Legorreta, en su libro *La segunda adolescencia*, los síntomas abundan y en el momento que se sienten hay que correr al doctor. Y digo se sienten porque a estas alturas no podemos confiar mucho en la vista y el oído por aquello de que ya no vemos y cabe la posibilidad de que en un futuro tampoco escuchemos. Pero de sentir, sentiremos, porque a esta edad todo se siente y nos golpea más duro. Lo tengo comprobado con mis sobrinos, si nos hacemos una herida al mismo tiempo, seguramente a la semana ellos tendrán una leve señal sin haberse puesto ninguna crema, una simple curita los cura. En cambio yo me unto desde la crema cicatrizante que venden en la farmacia, la vitamina E, la sábila, la crema de concha de nácar, la manteca de cacao, y cuanta cosa se me atraviese durante meses para poder conseguir medianamente lo que la juventud de ellos logra en unos pocos días.

Por eso, porque ya no tenía ni cinco, ni diez, ni veinte años, más bien la suma de todos esos y síguele sumando, un dolor de cabeza, una agriera o cualquier cosa que se me presentara ameritaba mi entera atención. No sólo para prevenir males mayores, sino porque también podrían ser el resultado de malos hábitos, excesos de la juventud y hasta una que otra caída que uno hubiera tenido a lo largo y ancho de mi vida. Y es que estaba aprendiendo que mis hormonas no eran las únicas responsables de todo lo que me pasara. Por muy locas y empeñadas que estuvieran en hacerme la vida de cuadritos, muchos de mis síntomas y dolencias podían ser mi culpa o producto del porque sí.

En su libro, la doctora Legorreta dice que algunos de estos síntomas son los dolores, ya sea de espalda, de rodillas, de cuello, de cabeza, como quien dice, en todo el cuerpo. Y la mayoría de los doctores afirman que muchas de estas dolencias son el producto de alguna lesión anterior que no cuidamos, y a las que no les prestamos atención en su momento. Cualquier accidente, fractura o caída, que dimos por descontadas, nos pasa la factura a esta edad y si a esto le agregamos años de mala postura, o de usar almohadas muy blandas o muy gruesas, estamos ante una factura larga y dolorosa. Años de forzar el cuello, de una vida sedentaria o de practicar deportes muy fuertes, se unen para confabularse contra nosotras. Como quien dice, malo si fue mucho, malo si fue poco, y el cuerpo nos está cobrando nuestra incapacidad para el balance pasándonos la factura. Es lo que concluyo si tenemos en cuenta que los extremos en las almohadas o en el ejercicio son los que nos llevan a muchos de nuestros dolores físicos cuando entramos al cuarto piso. La buena noticia es que visitando a un ortopedista, léase médico especialista en huesos porque nos llegó la hora de aprendernos todas las especialidades médicas, se puede resolver uno que otro de estos problemitas y si el dolor es en el cuello con ejercicios y una buena postura lograremos el alivio deseado. Lo que implica que a todo lo que ya tenemos que hacer para mantener este cuerpo funcionando también le debemos agregar una dosis de ejercicios para el cuello diariamente. Y si, además, regresamos a la niñez cuando nuestras madres nos ponían el *Álgebra* de Baldor en la cabeza para que aprendiéramos a caminar rectas y no nos encorváramos, arreglamos la cuestión de la postura. Pero por lo menos para este tipo de dolencias existen soluciones. En lo que sí no tenemos más opción que la cuchilla es cuando se trata de los juanetes. Esa deformación en los pies que nos puede venir por herencia o que simplemente nos salió porque las mujeres cuarentonas somos más propensas a este tipo de deformidades después de haber hecho pasar a nuestros pies por zapatos de tacón alto y de punta.

Ahora, si el dolor es en las articulaciones podemos culpar sin ningún tipo de miramientos a las famosas hormonas. Según un estudio realizado por la universidad de Génova,

Italia, las enfermedades reumáticas a esta edad tienen su raíz en el desorden hormonal propio del climaterio. Debo admitir que la sola palabrita, reuma, me aterra porque la asocio con los viejitos y me parece mentira que haya llegado a la edad donde si tengo un dolor inexplicable en las articulaciones, más me vale correr a donde un reumatólogo por si acaso estoy ante un proceso degenerativo.

Aparentemente las hormonas también estaban siendo las culpables de mi falta de sueño, otro de los síntomas que aparecen con esta edad. Yo que he sido de las personas que necesitan más de nueve horas y que las he dormido sin ningún tipo de interrupciones, me encontraba ante la dura realidad de que entre los bochornos nocturnos y los bochornos mentales me despertaba varias veces en la noche. Y digo bochornos mentales ya que por mucho que me gustaría echarle todo el muerto a las hormonas resulta que estos son de mi propia autoría. Las preocupaciones, el estrés, la rapidez de la vida moderna, la cantidad de cosas que tengo en la cabeza, la intranquilidad de siempre tener pendientes, son también ingredientes que cocinan mis insomnios. Y como para estos no existe una píldora mágica, debía intentar detener mi cabeza. Tener un ritual para irme a dormir y que mi cuerpo y mi mente entendieran que era la hora del sueño para que se fueran relajando. Sí, como bebé, al que hay que crearle un ambiente para que su reloj interno entienda que es hora de dormir. Ojalá fuera así de fácil, porque de entender, mi cuerpo y mi mente entendían, la cuestión es que todos estos consejos no cuentan con el otro problemita que se me había presentado con la edad, el desorden de atención. Por mucho que entendieran, a las dos o tres horas, se les olvida y nuevamente el ojo pelado y comer techo.

Y que esto del insomnio me parecía un problema grave porque afectaba otras áreas de mi vida. De entrada no lograba descansar lo que debía, además el sueño es el alimento de mi cerebro y de mi cara, y de nada valía matarme haciendo ejercicios para mantener todo en su sitio y que mi cara mostrara la edad. Quedaría, como dicen en mi tierra, con cuerpo de tentación y cara de arrepentimiento, y encima bruta por culpa de un cerebro desnutrido que no recibe su principal alimento. Como si todo esto fuera poco, en unos estudios recientes decían que la gente que duerme más de ocho horas diarias tiende a ser más flaca. Y si le agregamos el pequeño detallito de que llegué a la edad donde adelgazar es un esfuerzo titánico, voy derechito para la gordura.

Sí, la gordura, otro de los síntomas que estaba experimentando y que según los libros es propio de la edad. En esto, la naturaleza no discrimina entre hombres y mujeres. Vamos perdiendo masa muscular y ganando grasa sobre todo en la zona del abdomen debido a las bajas de testosteronas y de estrógenos. Pero como todo en esta cultura machista en la que crecimos, cuando se trata de ellos las canas son sexys y esos gorditos que se les posan en la cintura son llamados en inglés *love handles*, lo que significa tirantes del amor. No sé por qué le dan este nombre cuando la grasa acumulada no tiene nada qué ver con el amor, a no ser que consideren que a esta edad cuando se está en los menesteres amorosos las mujeres necesitamos algo de qué agarrarnos para no caernos. Pero si de agarrar se trata, como en esto de las caídas, la naturaleza considera que los hombres necesitan más agarraderas amorosas que nosotras porque a mí me han empezado a aparecer en las caderas, la cintura y en la espalda. Y al paso que voy, mi galán puede darse por bien servido ante un cuerpo que le asegura la estabilidad sexual y que se está pareciendo mucho a una de esas montañas escaladoras que tienen los cruceros.

Y para esto sí que no hay remedio, excepto el conformarse con estos retoños de grasita que se van depositando y que no existe forma de quitarse de encima. No hay aeróbico, pesa, deporte, que podamos hacer para que desaparezcan. Ni la liposucción, porque conozco gente que se la ha hecho y la dicha les dura lo que un dulce en la puerta de un colegio. Los gorditos regresan como si fueran hierba mala. Matarse de hambre o bajar las grasas tampoco es opción ya que estamos en la edad en que menos por menos no da más, y terminamos siempre ante la tabla del cero. Cero por uno cero, cero por dos cero, cero ganancias ante los esfuerzos es el común denominador cuando se trata de la comida. La cuestión es tan color de hormiga que si no comemos igual nos dará cero, porque no bajaremos ni un kilo.

Entre los gorditos que llegaron para quedarse y la sensación de estar hinchadas, más pesadas, y gordas por culpa del desbalance hormonal, podemos encontrarnos con otro síntoma silencioso que las hormonas, la herencia y los hábitos alimenticios nos pueden presentar en su máximo esplendor. Y me refiero al colesterol malo, otro enemigo que acecha y al que hay que declararle la batalla desde sus inicios. Volvemos al principio básico de aprender a comer y adquirir buenos hábitos alimenticios que a esta edad se traducen en comer como pajaritos. Otro animal que podemos agregar al zoológico ambulante en que estamos a punto de convertirnos.

Como quien dice, hemos llegado a la edad de la prevención y del mantenimiento. Eso de volver atrás y de recuperar la juventud perdida es una quimera. No existe. Nuestra labor es prevenir lo que nos puede caer encima y mantener lo que nos queda. La gran contradicción radica en que muchas mujeres nos sentimos mejor que nunca. Llegamos a los cuarenta pareciendo de treinta, cuidándonos como nunca lo hicieron nuestras abuelas, invirtiendo en nuestro cuerpo y nuestra salud, y con la perspectiva de muchos años por delante para vivirlos plenamente. Es incomprensible, entonces, que el cuerpo nos muestre los síntomas de una decadencia y una vejez que estamos lejos de sentir. Pero es que en esto la naturaleza sí que se equivocó y feo. Mientras el cuerpo envejece, el alma sigue siendo como mi matriz, una jovencita de quince años.

6

Un cuerpo menopáusico con alma de adolescente

El que diga que a esta edad el amor es diferente y que uno ya no se enamora como adolescente, seguramente lleva siglos de matrimonio y le adjudica a la edad un estado emocional y hormonal que más bien tiene que ver con la comodidad de los años, la rutina y el amor en los tiempos otoñales. Y es que ni siquiera puedo decir que en los tiempos del cólera porque si esa obra maestra de Gabriel García Márquez me parece más maestra aún, es precisamente porque me dio la ilusión de que el amor puede estar lleno de pasión y desafueros, a cualquier edad. Si Florentino Ariza fue capaz a su edad avanzada de amar hasta los huesos a Fermina Daza en el invierno de la vida, no me queda la menor duda de que en mi verano existencial todavía puedo quemarme en mis propios deseos.

Pero es que ha sido precisamente mi condición de mujer soltera, y en el mercado, lo que ha hecho de ese libro uno de mis favoritos. Cada vez que lo he leído, y han sido muchas las veces, se renovaba en mí la ilusión de volverme a enamorar de esa manera y la esperanza de que me ocurriera una vez más. Me imagino que si estuviera casada como muchas de mis amigas y mi madre, a esta edad, instalada en las mieles matrimoniales y en el paso de los años, seguramente pensaría de igual manera. Esas sensaciones maravillosas, ese palpitar del corazón, ese sudor inexplicable, ese estado de idiotez al que nos lleva el amor, esas mariposas en el estómago, se quedaron en el tiempo y en el diario vivir. Estaría instalada en el amor tranquilo, estable, madurado en el tiempo que te sigue dando satisfacciones, pero que no logra llevarte a tocar el cielo. Y también seguramente estaría vislumbrando mi futuro como otro libro de Gabo. Me refiero a *Memorias de mis putas tristes* y no porque a esta edad se me vaya a dar por la inquietud vaginal cuando ya no tengo necesidad de ir mostrando miserias, sino más bien porque lo que me espera es la etapa de la contemplación, de mirar y no poder tocar ya que mi cuerpo no da para más, y de recordar que hubo un tiempo en que el amor entró a mi vida con toda su fuerza huracanada.

Sin embargo, puedo decir con conocimiento de causa que el corazón no envejece y cuando se enamora le importa un comino la edad y el ridículo que pueda hacer. Él se siente de quince, actúa como si los tuviera y el resultado es el mismo. Y por si acaso se me olvidaba no tenía más que leer mi libro anterior *Manual para el reciclaje amoroso*. Lo escribí precisamente por haber sido víctima de un corazón adolescente que a mis cuarenta años me llevaba hasta a equivocar los síntomas. "Nadie está exento de pagar impuestos, morirse, o volverse a enamorar sin importar la edad o los fracasos acumulados. En cierta forma, las tres cosas se parecen porque son una sentencia irremediable. Sin embargo, considero que para evitar ridículos y confusiones el amor debería prohibirse legal y socialmente después de los 35 años. Es que no es lo mismo enamorarse a los veinte que a los cuarenta. Las mariposas en el estómago se confunden con la acidez, los sudores y bochornos con la menopausia, las palpitaciones con el exceso de cafeína, y el estar despistadas se asemeja más a la posibilidad de un Alzheimer que a la idiotez propia del enamoramiento. Pero debo admitir, aun en contra mía, que la intensidad es la misma, el deseo regresa intacto y la ilusión nos lleva sin ningún tipo de consideración a verlo todo color de rosa".

Así empieza el libro. Con una mujer aterrada, léase yo, que descubre que a pesar de pensar que ya estaba por encima de esos descontroles no sólo por la edad, sino también por la experiencia acumulada, se tiene que resignar a que el amor entre a su vida con la misma intensidad e inmadurez que lo hizo en la juventud. Era una cuarentona y la verdad es que con excepción de algo parecido al amor a los 34 y algunos escarceos amorosos posteriores yo también estaba bajo la impresión de que después de los cuarenta las posibilidades de volverse a enamorar como adolescente eran casi nulas. Es más, hasta ese momento no entendía la razón por la que muchas mujeres se volvían a casar y entraban en una segunda vuelta. Me parecía absurdo que alguien quisiera complicarse la vida de esa manera uniendo dos familias construidas y enfrentándose al inefable mundo de los tuyos, los míos, más los nuestros. En el caso de los hombres, sabía que formaba parte de una solución de vida. Al fin y al cabo, ellos no saben estar solos, son dependientes y necesitan la mujer al lado. ¡Pero las mujeres, que somos más inteligentes y sabemos lo difíciles que son las relaciones a cualquier edad! No entendía que las llevaba a repetir la experiencia y a sentir que esa vez sería la vencida.

Hasta que el amor me llegó y no como un huracán que avisa su trayectoria, la fuerza de sus vientos, y el tiempo que demorará sobre nosotros, sino más bien como un terremoto categoría siete que te cae encima sin que puedas hacer nada al respecto. La cordura y la experiencia que vendrían a ser el equivalente a los marcos de las puertas en los que tienes que salvaguardarte durante el sismo, te abandonan ante la realidad del amor. Esa era la razón para las segundas vueltas, por eso las mujeres volvían a tropezar con la misma piedra, por la sencilla y llana razón de que el amor no tiene edad para el corazón y cuando llega no le importa que seas una cuarentona, ni que te veas ridícula vestida de ilusiones como una adolescente.

Pero como no se puede hablar de la feria sin haber estado en ella y también debería decir que la ignorancia es atrevida, entiendo perfectamente cuando las cuarentonas casadas afirman tajantemente que no se ama a los cuarenta con la misma intensidad y de la misma forma que a los veinte. Es muy difícil después de años de matrimonio cuando el amor se transformó, cuando la pasión desaforada de los inicios nos abandonó para dar paso a un amor más tranquilo, pensar que todas esas emociones son factibles. De igual forma que para mi abuela y mi tía viudas volverse a emparejar no sólo fue impensable, sino que además no tuvieron otra opción. Tener más de un hombre en su historial, darle un padre postizo desconocido a sus hijos, hubiera sido el equivalente a una aberración.

Los tiempos cambiaron y el amor cambió con ellos. No sólo para las que debido al divorcio nos hemos visto en la situación de volver a empezar, sino también para muchas otras mujeres que los cuarenta las agarraron en etapas diferentes de las relaciones. Si miro a mi alrededor tengo amigas y hermanas que cumplen a cabalidad con los estatutos matrimoniales de estar en una época en la que llevan más de diez años de casadas y en las que la gran mayoría ya están padeciendo la adolescencia de sus hijos. Pero de igual forma, tengo otras amigas que, ya sea porque invirtieron en sus carreras profesionales antes de casarse o porque su príncipe azul eligió el cuento de la Bella Durmiente del bosque para jugar y demoró décadas en llegar, o simplemente porque no venía en caballo sino en burro, los cuarenta las han agarrado en matrimonios que apenas empiezan, con hijos pequeños, y hasta con hijastros porque sus maridos venían de haber rescatado a otras princesas.

Por eso el amor a los cuarenta también forma parte del inefable mundo de las incertidumbres en el que vivimos las mujeres de esta generación. Lo estamos viviendo de formas diferentes, en etapas distintas, sin poder identificarnos con los modelos preestablecidos. Con excepción de las que están cumpliendo con el voto de "hasta que la muerte nos separe", y digo están cumpliendo y no cumplieron, porque a estas alturas del partido nadie tiene asegurada la eternidad del matrimonio y mucho menos que el amor no sea el que decida morirse, el resto de nosotras vive situaciones atípicas y hasta una serie de crisis a destiempo cuando se trata de las relaciones. Lo convencional sería que todas estuviéramos entrando o atravesando la llamada crisis del nido vacío. Esa que entra cuando los hijos se van para la universidad dejando un vacío inmenso, obligándolas a reconectar con su pareja ya sin la presencia de los niños, y a buscar un nuevo propósito de vida que reemplace su trabajo como madres de tiempo completo. Pero no, para otras mujeres es la crisis del séptimo año de matrimonio la que las aqueja. Esa que se distingue por ser una comezón constate en el alma que nos llena de insatisfacciones amorosas y que muchos hombres aprovechan para rascársela en otro cuerpo como si el cambio de piel fuera Caladril. O la del cuarto año que es considerada por los expertos como una crisis evolutiva de la especie. Y es que según la antropóloga Helen Fisher, las hormonas que nos mantenían profundamente enamoradas nos abandonan con el propósito de que busquemos otro compañero para darle variedad a la especie. Para las parejas que están pasando por este momento, la crisis consiste en volverse a enamorar, pero con los pies en la tierra. Y ya ni hablar de las mujeres que se encuentran empezando segundos o terceros matrimonios, esto ni siquiera se puede denominar como una crisis porque tiene más connotaciones de tragedia griega donde diariamente se ven en la tarea de reinventar una nueva forma de relación sin tener a qué atenerse y viven en un campo minado de situaciones nuevas que les explotan no desde la tierra, sino desde el mismísimo cielo.

Lo peor es cuando alguna de estas crisis matrimoniales se une a la que ya estamos padeciendo por nuestro recién estrenado estatus de cuarentonas. Las relaciones tambalean y muchas parejas terminan en divorcio. Y es que el desajuste hormonal que trae la edad tanto para los hombres como para las mujeres, los cuestionamientos propios de esta etapa, la sensación de que la vida se nos escapa y más nos vale empezar a vivirla pero ya, y el nuevo estado de egoísmo propio de esta segunda adolescencia, no son compatibles con las crisis amorosas. El nido vacío enfrenta a muchas mujeres a la triste realidad de que su trabajo como madres ha terminado mientras los maridos siguen su vida normal de *workaholics* sin tomar en cuenta el cambio emocional que esto supone para ellas. Para otras simple y sencillamente, la ausencia de los hijos las hace comprender que lo único que tenían en común con el esposo eran unos hijos que ya no están.

De igual forma, la crisis de la comezón del séptimo año y la del reenamoramiento del cuarto unidas a la de la mediana edad son una combinación casi letal para las relaciones. Sobre todo cuando se trata de los hombres que tienden a pensar que la mejor forma de recuperar la juventud perdida es a través de la infidelidad o del regreso a sus etapas de *playboys* criollos. Y son muchos los que se cuestionan si quieren seguir en unos matrimonios que los hacen sentir atrapados y asfixiados.

Por supuesto que para muchas mujeres también es cierto que los cuarenta les llegan con gran parte de estas crisis resueltas y en momentos maravillosos de sus relaciones. Son las elegidas de Dios, porque es un hecho ineludible que lo último que necesitamos en medio de la crisis de los cuarenta, esa que nos aqueja a todos sin importar el sexo al que pertenezcamos, es también tener que lidiar con las etapas duras de las relaciones.

En mi caso, es otro gallo el que canta. Y canta con el gallinero completo porque al estar en el mercado del usado los cuestionamientos tienen que ver con la posibilidad de volverse a meter en la orgía familiar que implican los matrimonios en la segunda vuelta. En un momento en que me he vuelto yoísta, en el que finalmente logré lo que siglos de terapia sicológica no hubieran logrado, me refiero a pensar en mí como primero yo, segundo yo y tercero yo, me cuesta mucho trabajo considerar la posibilidad de volver a jugar a las casitas y lidiar con hijastros, ex mujer, ex tíos, ex abuelos, ex primos, que no se me antoja tan ex si todavía están en el panorama. Pero debo admitir que en cierta forma me siento una mujer privilegiada. Poder, a mi edad, vivir el amor como una colegiala, sentir mariposas en el estómago, sentir latir el corazón a millón, vivir el estado de idiotez propio de los inicios de las relaciones, son un privilegio que me hace sentir viva, joven y llena de esa energía que sólo es capaz de darte el amor. Cabe la posibilidad de que acabe conmigo porque si mi corazón late como quinceañero alborotado no estoy tan segura de que el resto de mis órganos cuarentones puedan con tanto alboroto sin que en el camino sufran las consecuencias de emociones no aptas para mayores.

—Yo la verdad es que después de 28 años de casada y a mi edad, no sé si sería capaz de volver a ese tipo de intensidades —me dijo una amiga—. Es más, ya ni me acuerdo cómo era eso y hoy en día hasta pensaría que tengo una enfermedad incurable ante lo síntomas que me describes.

—No creas que al principio yo pensé igual. Es más, estaba convencida de que el acelere del corazón era un síntoma inequívoco de arritmia cardíaca, pero cuando me di cuenta de que sólo me pasaba en los momentos que hablaba con el personaje o cuando lo iba a ver, tuve que aceptar que era una arritmia amorosa. Pero es lo que me tocó vivir a mí. La situación para ustedes es distinta porque son muchos años al lado del mismo hombre, acomodadas en el amor, son otro tipo de emociones. Por algo dicen que el amor es una enfermedad que sólo lo cura el matrimonio.

—Sí —dijo otra de mis amigas embarcada en la conversación—. Ya hasta se siente uno viviendo con su mejor amigo. Esas cosas maravillosas de los inicios cuando quieres quedar bien con el otro, ser lo máximo para el otro, les valen madre. No hay cepillada de dientes en la mañana, ni que te pidan las cosas por favor, ni que te den las gracias. Ya se da por descontado que ahí vas a estar, que eso es lo que tienes que hacer y el resto de arandelas se las llevó el tiempo y la convivencia. Palabras más o menos, se llega a unos niveles de confianza que dan asco. Así que aprovecha este momento, porque esa etapa no es mucho lo que dura.

—Sí, es que seamos sinceras —ahora hablan entre ellas, es un hecho que mi estado de mujer idiotamente enamorada me hace no apta para lo que sigue—. Ya uno llega al punto que la única que tiene la razón es Rocío Durcal. "No cabe duda de que la costumbre es más fuerte que el amor" porque yo por lo menos ya ni sé qué es lo que hay entre mi marido y yo.

—No me incluyas en tus rollos, que yo sí sigo enamorada de mi marido. Lo mío es también amor.

—Puede ser, pero está más ciego que nunca, mija. O me vas a decir que si tú y yo que todavía estamos de buen ver, graciosas, cuidadas, nos vamos a un bar o a cenar y en otra mesa están nuestros maridos a quienes no conocemos. Son unos desconocidos que osan, porque eso es osar, enviarnos una botella de champaña marca Cristal con una invitación para que los acompañemos o los dejemos que nos acompañen en nuestra mesa, tú me vas a negar sinceramente y de todo corazón que no pensaríamos ¿a dónde con tanto sol y sin sombrero, mis reyes? Un viejo decrépito y el otro que parece descendiente directo de Pancho Villa... ¡no me jodas! Seguramente les diríamos que no. Pero la costumbre y ya la ceguera irreversible del amor nos hace hasta quererlos.

—Ay, no me digan eso por fa, que mi estado es otro y lo quiero disfrutar.

—Sólo te estamos advirtiendo para que disfrutes este momento porque si sigues al lado de él y decides tener una vida en común debes estar prevenida sobre el síndrome del eructo.

—¿Del eructo? Qué horror, ¿cuál es ese?

—¿Cuál horror?, si hasta te la estoy suavizando. Porque he debido decir que también puede ser el del pedo, pero quise ser sutil. Y es que en el momento en que se echan el primero de alguno de estos dos actos de desahogo corporal despídete inmediatamente de la magia. A la mierda los pastores que se acabó la Navidad. Te agarraron la suficiente confianza como para que el rosario de defectos salga a relucir en todo su esplendor. Les diste el permiso para que se relajen en todo el sentido corporal y de vida.

Como diría mi señora madre, aquí sí que torció la puerca el rabo porque soy una convencida de que el matrimonio es la confirmación de los defectos y la vejez la reconfirmación, y si las dos cosas se juntan estoy ante la posibilidad de un muestrario interminable del lado menos bueno y agradable de la vida.

—Me están quitando las poquísimas ganas que tengo de volver a emparejarme.

—Mi vida, el amor es muy bonito, pero el matrimonio es complicado a cualquier edad. Bueno, sí existe el lado bueno, eso de no envejecer sola que tanto le dice a uno la gente.

—Pero es que a mí eso no me preocupa. La verdad es que si las estadísticas son veraces, la mayoría de las mujeres enviudan, lo que me lleva a concluir que cuando lleguemos a la vejez todas estaremos solas. Así que más bien empecemos a bajarnos del bus con un dinerito para construirnos nuestro propio asilo tipo Spa donde envejeceremos acompañadas las unas de las otras. Es más, sería divertidísimo porque nos conocemos y sabemos de qué lado cojea cada una y cómo ya la memoria nos habrá abandonado de un todo hasta nos podemos repetir los mismos cuentos y siempre parecerán nuevos. Por lo que yo no veo para qué voy a cargar con un hombre para que me acompañe en la vejez, si lo más seguro es que termine viuda. Para eso más bien las espero a todas ustedes y envejecemos juntas.

Y es que estaba llegando al punto de entender que el amor en la vejez no tenía las mismas connotaciones que en mis épocas del primer matrimonio. Y es que cuando te casas en la juventud empiezas un proyecto de vida en común que incluye envejecer juntos y amarse en la salud y en la enfermedad. Pero "cuando el amor llega así de esta manera, caballo viejo" como dice la famosa canción, por aquello de los fideicomisos de males heredados, agregados a los años que nos han caído encima, cabe más la posibilidad de que nos acompañemos en la enfermedad que en la salud. No tenía ninguna necesidad de romper la magia con pastillas de viagra, Lipitor para el colesterol, pastillas para la presión arterial, antiácidos de todo tipo, colores y sabores, somníferos por aquello de que los viejos duermen menos, y eventualmente hasta la posibilidad de pañales para la incontinencia urinaria. El solo pensar que todos estos medicamentos pasarían a formar parte de mi canasta familiar, era un bajativo sexual. En el matrimonio a esta edad se hacen votos diferentes empezando porque aquello de que hasta la muerte nos separe ya no es una sentencia a largo plazo, lo de la fidelidad se da casi por hecho debido a que no se está en condiciones físicas de tener más que uno. Lo de acompañarnos en la salud va a ser por ratitos porque prevalecerán los otros momentos, y más nos vale que lo de la pobreza brille por su ausencia porque estaremos muy jodidas si encima tenemos que cargar con el costo del arsenal médico sin los medios económicos. Ante esta perspectiva de vida me quedaba mejor en mi estatus de novia eterna. Así me llevaba la mejor parte de mi viejito, sus mejores momentos, y si él tenía que tomarse todos sus medicamentos que lo hiciera en su casa.

Al fin y al cabo, ya en mi condición de la novia eterna me llegaban algunos vientos enfermizos con los que tenía que lidiar. Eso era inevitable, estábamos en esa edad y yo no era la excepción. Al contrario, también estaba siendo víctima de uno que otro malestar propio de mi estado de cuarentona Sin embargo, me era más que suficiente con la dura realidad de tener que incluir en mi mercado la crema lubricante para que mi relación resbalara suavemente. Y es que era un hecho ineludible que la palabra vaselina había dejado de ser para mí el título de una película protagonizada por John Travolta y que marcó una época en la moda de mis tiempos juveniles, para ser en mi vida un artículo de primera necesidad. Si quería que en cuestiones de cama las cosas fluyeran como en los años mozos, la vaselina o cualquier lubricante vaginal era tan importante como la leche. Una prueba más de que el único adolescente en mi cuerpo era el corazón, mi vagina gritaba a los cuatro vientos todo lo contrario.

7

Viejita, pero coleando

Debo admitir que esto de la resequedad vaginal tiene connotaciones en mi caso que van más allá del uso de un lubricante. Durante años he escuchado a mi cuñado ginecólogo referirse a las personas cero cariñosas, esas que les cuesta dar un beso, y que brincan ante la posibilidad de acercamientos físicos, como "esa persona es más seca que vagina de vieja". Y él sí que sabe lo que es no una, sino muchas vaginas viejas. Por lo tanto, que la mía empezara a verse poco cariñosa, nada receptora a las caricias, y zaina ante el amor, era el presagio de un futuro sexual negro, por no decir nulo. Ya había escuchado a muchas mujeres quejarse de la falta de deseo sexual en esta etapa de sus vidas. La libido no las estaba ayudando y no sabían si el problema radicaba en las hormonas o que simplemente la menopausia les secó los óvulos, la vagina, y el deseo en uno de esos actos poco sabios de la naturaleza que decide secar una cosa y en el camino se lleva otra.

Según los expertos en el tema, la falta de deseo sexual tiene su raíz en los problemas hormonales propios de la edad, en las creencias y mitos que albergamos en nuestras cabezas y hasta con la imagen de nosotras mismas que queremos proyectar.

Si se trata de las hormonas, la solución está en manos del ginecólogo o ginecóloga que con las terapias de reemplazo nos pueden ayudar a recuperar la libido perdida. Pero cuando hablamos de creencias y mitos entramos en el inefable mundo de la psiquis y pueden salir a relucir todas esas ideas absurdas que escuchamos de una menopausia que es el fin de la vida sexual para la mujer, que con la sequía reproductiva también se va la sexualidad y que ya estamos viejas para esos trotes. De igual forma, cuando hablo de la imagen que queremos proyectar muchas mujeres que han vivido en el culto a su cuerpo y su belleza empiezan a sentir los embates de la edad y dejan de sentirse sensuales, deseables y hermosas.

Por supuesto todo en la vida depende del punto de vista con que se le mire y como queramos enfrentarlo. Ya en las épocas prehispánicas las mujeres mayas eran tan sabias que veían en la menopausia el equivalente a libertad sexual. Y es que como las pobres no contaban con ningún tipo de anticonceptivo y el uso de las duchas vaginales de vinagre después del acto no eran un método 99,9 efectivo, para ellas llegar a este momento equivalía a la libertad de tener relaciones sexuales sin la posibilidad de quedar embarazadas. Culturalmente consideraban que la menopausia era el inicio de una etapa de libertad, juventud y del florecimiento de su sexualidad. Pero muchas mujeres siglos después se comieron el cuento de que con la llegada de la sequía se debía cerrar la fábrica en su totalidad porque ya estaba vieja y obsoleta, y les cuesta mucho trabajo entender que aquí no hay vejez y que el hecho de que la Coca-Cola haya tenido que dejar de producir la Coke O no implica que no pueda seguir dándonos el gustazo de la delicia que es una coca regular.

Y es que si de vejez se trata, o más bien debería decir, del deterioro propio de la edad que nos cae encima llevándose la lozanía, debo admitir que la naturaleza demuestra finalmente su sabiduría. Y es que a no ser que a esta edad se nos dé por los hombres jóvenes y decidamos convertirnos en unas viejas verdes, la realidad es que nuestros compañeros de cama tampoco es que la estén pasando muy bien que digamos. También sus hormonas empiezan a crear estragos con síntomas como disminución del interés sexual, de energía, de fuerza y tonicidad muscular, irritabilidad o tristeza constantes, cambios en los patrones de sueño, bochornos y sudoraciones nocturnas, y el más temido de todos, erecciones menos firmes y menos frecuentes. Es que si por aquí llueve por allá no escampa y los hombres también tienen su menopausia y desajustes hormonales que hacen mella en sus cuerpos y actuación sexual.

Además de los problemas de erección, ellos no son capaces de actuar más de una vez cumpliendo a cabalidad con el principio básico de esta etapa en que más de uno es demasiado. Para colmo de males, la mente dispersa que nos caracteriza a los cuarentones, en el caso del sector masculino queda patente en que cualquier cosa los distrae bajándoles la nota y en la bajada de nota se va todo lo que se supone debe estar arriba. Y es que ya no funcionan como reloj suizo, no tienen veinte años y no se ven de veinte. Es más, yo que he estado en el mercado durante años no he logrado encontrar el primer galán que en sus cuarenta o cincuenta luzca como un Sean Connery a los sesenta. Hace mucho tiempo que dejé de esperar una pareja que tuviera todo en su sitio, para aceptar los gorditos en la cintura, la pancita por no decir la barriga prominente, un poco de celulitis ya sea en el trasero o en la barriga, y un cuello arrugado. Y lo agradezco, porque he llegado a un punto en la vida en que no me acuesto con nadie que tenga menos celulitis que yo y no sea un muestrario ambulante de que compartimos el mismo deterioro. Por supuesto que ni hablar de las mujeres que llevan años de casada ya que la realidad es que hoy en día la mayoría se ven regias, se cuidan y cumplen a cabalidad con la nueva teoría de que los cuarenta son los nuevos treinta mientras sus maridos se encargan de demostrar la edad y la felicidad conyugal en todo su esplendor.

Lo que sí me preocupa es la falta de interés sexual y problemas de erección. Eso iría en contra de mis propios intereses y no acorde con mi situación. Me parece horrible que cuando hemos llegado finalmente al sexo seguro porque ya son pocas las posibilidades de que quedemos embarazadas y tampoco corremos el riesgo del sida ni de enfermedades venéreas si estamos con el mismo compañero, resulta que no vamos a tenerlo asegurado porque ellos no van a poder. Y es que soy como las mujeres mayas, considero que estoy en mi mejor momento sexual. No quiere decir que ahora me voy a convertir en una mujer de vagina resecamente inquieta, pero sí he entrado en una etapa de dejar atrás muchos mitos sobre mi sexualidad y disfrutarla plenamente. Por supuesto, con la ayuda de un lubricante que me suavice la situación y en el caso de ellos hasta con la bendición del viagra que viene a ser en muchos casos el equivalente de la vaselina para los hombres. Y es que hemos llegado a la edad de las ayuditas porque no es lo mismo el sexo a los treinta que a los cuarenta.

Una viejita cachonda

Y no es lo mismo porque debería haber anuncios por todos lados avisándonos a las mujeres que el *buen* sexo empieza a partir de los cuarenta. Sí, todo lo que se había experimentado antes parece un kínder al lado del máster en relaciones sexuales que se puede alcanzar cuando se llega a esta edad. No existe una explicación lógica ni científica para la perfección de algo que venimos haciendo por muchos años y que de pronto nos sorprende por su excelencia. Algunos expertos afirman que la razón radica en que las féminas llegamos a nuestro nivel sexual más alto. Lo que quiere decir que la libido se nos dispara y salimos de la inercia sexual que nos invade por culpa de la vida diaria y la rutina. Pero que la libido se dispare no tiene absolutamente nada qué ver con el hecho de que lo gozamos y nos satisface mucho más. Creo que la cosa puede tener su explicación en el yoísmo, la aceptación que hemos logrado de nosotras mismas y el adiós a las inhibiciones. Cuando somos jóvenes, en nuestra condición de niñas buenas obligadas a complacer a todo el que nos rodea, vivimos para que los demás queden satisfechos. Este principio equivocado lo llevamos a la cama y nos parece más importante que la pareja sea la que goce y en su goce estará el nuestro. Cientos de mujeres frígidas y que fingen orgasmos son la prueba fehaciente de esta soberana tontería. Pues no más de lo mismo, ahora se trata de nosotras, de lo que nos gusta, de lo que necesitamos y vamos por ello, como dirían los españoles. Además, ya nos importa un bledo si tenemos unos gorditos de más, ni si la celulitis amenaza con devorar nuestro cuerpo, ni las estrías que la maternidad o las épocas más frondosas nos hayan dejado. Es lo que hay, es lo que tenemos para ofrecer y no se trata de dos cuerpos jóvenes, duros, tonificados, que se unen. Somos dos adultos de la mediana edad que vemos en el acto sexual mucho más que el goce visual.

Además, si hay algo que la vida me ha enseñado es precisamente que las hormonas son ciegas y cuando se alborotan no ven más allá de su deseo. Sin importar la edad, las hormonas cuando se apasionan por alguien no tienen en cuenta ni celulitis, ni gordos, ni estrías, ni nada. Una ceguera que a estas alturas del partido es súper beneficiosa para nosotras y que cambia el dicho sobre los peores ciegos por: "no hay *mejor* ciego que el que no puede ver". Y entre la ceguera hormonal, la aceptación de que ese es nuestro cuerpo y hay que darle alegría macarena, el mejor momento sexual para una mujer, y el despojo de las inhibiciones sexuales que nos inculcaron la religión y la cultura machista, nos podemos dar por bien servidas.

Bueno, ni tan bien servidas, si de servir se trata, porque si nuestro compañero está acorde con nuestra edad vamos a tener que luchar un poco para que se nos dé el servicio. Los hombres, lamentablemente, mientras que nosotras gozamos del momento más alto de la libido, el de ellos va en bajada. Y ya sabemos las repercusiones de las bajadas cuando se trata del sexo masculino. Mucho más si se trata de relaciones que llevan siglos, matrimonios de mucho tiempo en los que ellos ya ni sienten la necesidad de cumplir. Siempre están cansados, tienen mucho estrés, ya no dan para ese tipo de trotes, y la televisión es lo que más los excita y relaja. Aquí sí una vez más la puerca tuerce el rabo. Y es muy difícil competir con el fútbol y el trabajo.

—Es el momento de recurrir a todas las artimañas que se te ocurran y empezar a entrenarlos para que estén a tu servicio.

—¿Cómo así? Si llevan años a tu servicio.

—Sí, pero es que el tipo de servicio va cambiando y ahora uno quiere experimentar otras cosas, no más de lo mismo. Qué flojera que siga siendo un estirar de la mano y ahí estás. A mí, así como me han entrado unas ganas incontrolables de conocer el mundo, de ir a Tailandia, a los países árabes, también quiero conocer otras cosas, otras posiciones. Explorar el mundo sexual. El problema es que mi compañero de viaje está instalado en un sofá y no hay forma de sacarlo de ahí.

—Pero usa tus mañas. En el mercado hay de todo para revivir la vida sexual, por lo menos es lo que dicen las revistas y millones de libros sobre el tema.

—Sí, mi amor, pero esas revistas parece que no conocen a mi marido. Les encanta el cuentecito de sorpréndalo con un masaje erótico, sorpréndalo con este *negligé* de leopardo. Y créeme que la única sorprendida terminó siendo yo. Si le doy el masaje, me sorprenderá durmiéndose y en cuanto al *negligé* o la ropa interior sexy lo mejor es no dar sorpresas. Mientras te lo pones, te acicalas y sales del baño, seguramente encontrarás a tu objeto del deseo roncando con la boca abierta. Así que más te vale que te dejes de sorpresas y de entrada digas cuáles son tus intenciones para que se preparen. Ya yo llegué al punto de "hoy me toca" y se lo anuncio desde la mañanita para que se prepare sicológicamente.

—Sí, es que el sexo es un hábito, esa es la realidad y no hay que dejar que se duerman en sus laureles.

—Que se duerman punto, parecen osos que invernan por los siglos de los siglos, amén.

—Bueno, menos mal que no es mi caso, porque como yo siempre soy novia es otro gallo el que canta.

—Sí, pero no te libras de la edad por eso y te toca cambiar de posiciones.

—No veo cuál es el problema.

—Mi querida amiga, hay posiciones en las que ya no puedes ni debes entrar. Uno porque cabe la posibilidad de que salgas con un desgarramiento muscular de hospital y la otra porque te ves fatal.

—¿Fatal?

—Sí, querida, arriba nunca más, de las mejores posiciones y nos debemos despedir de ella. Nada más ponte así y mírate con un espejo desde el punto donde estaría él para que veas cómo te descuelgas. A tu cara le sobra pellejo y en duro, así que es preferible que si alguien se va a descolgar que sea él.

—Me parece horrible lo que me dices, si es de las posiciones más satisfactorias para la mujer, eso es cuchillo para nuestro propio cuello.

—No, cuchilla es la que te vas a tener que dar en la cara si quieres ponerte en esa posición descolgante. Y si se te antoja mucho, recurre a la canción. Esa que dice "voy a apagar la luz para pensar en ti" y pensando en ti, en tu imagen, apagas la luz. Oh, querida, llegamos a la edad de las velas. Muchas velas, son nuestro mejor aliado. En esa luz te ves divina.

Hasta pánico me daba usar el espejito. No fuera a ser que me devolviera la imagen que mi amiga me presagiaba y se terminara mi recién estrenada libertad sexual y aceptación de mi cuerpo, arrugas y flacidez. Más me valía empezar a comprar velas como loca. Menos mal que ya vienen en todas las formas, colores y olores, y encima están súper de moda, por lo que mi galán puede considerar que simplemente me he vuelto esotérica y romántica. Y rogarle a Dios para que, con esta mala memoria, no se me olvide apagarlas y termine como la protagonista de *Como agua para chocolate* muerta, no por culpa de las llamas de un amor, sino de un incendio. Ahora, lo de las posiciones como que sí forma parte del amor a esta edad porque varias amigas se han quejado de calambres que nunca antes tuvieron por quedarse mucho tiempo en el mismo sitio o poner las piernas donde el cuerpo ya no permite que lleguen.

Sin embargo, independientemente del estado emocional en que uno se encuentre, ya sea en un matrimonio de años, uno reciente, o en el eterno noviazgo, no me queda la menor duda de que el sexo en los cuarenta es una fuente inagotable de satisfacciones. Mucho más si somos tan suertudas de contar con un compañero que también ha entrado en la madurez, consciente de que nos quedan pocos años para disfrutar plenamente de nuestra sexualidad antes de que nos caiga encima el viejazo. Y es que así como con la baja de estrógenos las mujeres nos volvemos más fuertes, asertivas y hasta yoístas, en el caso de los hombres la baja de testosterona logra todo lo contrario. Se convierten en seres más débiles, sentimentales, suaves, complacientes y, lo mejor de todo, dispuestos a dar sexualmente. Sí, aunque parezca mentira, son muchos los hombres que afirman haber llegado a un punto de sus vidas en que lo importante es que la mujer disfrute, complacerla y satisfacerla. Nunca, mejor dicho, se juntaron el hambre con las ganas de comer.

Pero el problema radicaba en que estaba descubriendo que por mucha hambre que uno tenga la realidad de la edad nos cae encima nos guste o no. En cierta forma es como querer manejar un coche de los años sesenta como si fuera un Porsche último modelo. Las ganas están, pero la carrocería no da para tanto y en el camino se nos presentan problemas de motor, falta de aceite, y hasta una que otra cosa que se le cae, roguemos a Dios para que no sea el trasero, y que nos regresan sin ningún tipo de consideración a la edad de la decadencia sin importar el mantenimiento que le hayamos dado a través de los años. Un descubrimiento que hice por mí misma, en carne propia, cuando conocí a mi galán. Y digo galán y no novio porque la palabra me parece demasiado cursi para mi edad. Pero como el tener novio en este momento de la vida no fue considerado por los creadores del idioma y mucho menos por una cultura que no previno el amor a los cuarenta, me he quedado sin título oficial para mi estado amoroso. Además, la palabra que le va o que le iría a mi condición, me refiero a amante, la agarraron en el pasado y la convirtieron en algo pecaminoso, lleno de traición, y que conlleva mentiras y falsedad. Me gustaría encontrar un término que definiera una relación que no alberga ínfulas matrimoniales, ni desea formar una familia. Una situación amorosa que en la vida moderna no sólo viven muchos cuarentones, también mucha gente joven tiene novios o novias, sin que esto implique un eventual compromiso matrimonial. Creo que la palabra adecuada sería "pareja". Suena equitativo, da la impresión de que funciona en presente y no en función de un futuro y, lo que me parece mas bonito, da la sensación de que con los dos implicados basta y sobra. Para mí, mi galán es mi pareja, pero como no es ni una palabra, ni un estado aprobado oficialmente por la sociedad y la Iglesia, sigue sin un título oficial que lo acredite como amor en la vida de una cuarentona. Ahora lo que sí ha tenido es todos los síntomas de que a esta edad el amor se vive, se siente, la vejez esta presente.

Y es que en uno de nuestros primeros encuentros que planeamos con toda la ilusión del mundo, por supuesto con la ilusión de unas hormonas adolescentes, él tenía un virus de esos que dan hoy en día y que los médicos no pueden explicar ni curar, y dejan en manos del tiempo. Como todo en esta etapa lo agarró duro y con señales de no quererlo soltar por aquello de que si algo no tenemos es precisamente tiempo. Sin embargo, como la adolescencia se caracteriza por creer que uno lo puede todo, concertamos nuestra noche de amor. La imagen era de Fellini, dos amantes encendidos por la fiebre, ya quisiera decir del amor y la pasión, pero no, la realidad es que era la fiebre de calentura, de enfermedad, encerrados en un cuarto. El galán se hacía las nebulizaciones prescritas por el médico mientras la doncella ardiendo, no de pasión, sino del fiebrón, lo esperaba en la cama. La noche transcurrió en un intercambio de medicinas para bajar la fiebre, para quitar los malestares y para que la doncella que temblaba, no de deseo sino por culpa de los escalofríos, no le diera una pulmonía. La verdad es que no sé cómo sobrevivió la relación a ese primer encuentro tan fallido, pero estoy convencida de que los dos nos dimos cuenta de que teníamos la vejez asegurada juntos si éramos capaces de ser tan buenos enfermeros. Con el tiempo he ido aceptando que la edad aparezca de una forma u otra en la relación ya sea en forma de la almohadita para el cuello que impide que le de tortícolis, o las pastillas para los problemas estomacales. En cierto modo, somos la imagen un poco más joven de Jack Nicholson y Diane Keaton en la famosa película. Intercambiamos las gafas para ver, nos encremamos el cuerpo antes de acostarnos para no levantarnos como descendientes directos de cocodrilos, y cenamos liviano para poder dormir un poco mejor. Ni modo, somos unos cuarentones y lo único que tenemos asegurado es que la cosa se va a poner peor. Al menos tengo de mi parte que es una relación nueva y la pasión va a poder contrarrestar los síntomas de la edad, mientras que dure la novedad, por supuesto.

Y es que debo confesar que a estas alturas del partido agradezco ser una cuarentona sin marido, sin hijos y sin perro que le ladre. No sólo mi vida sexual y emocional gozan de la maravilla de ser una relación nueva, sino que puedo vivir libremente mi crisis de la mediana edad, mi menopausia, y mi yoísmo, sin tener que lidiar con las crisis existenciales de los demás. Y me refiero a las crisis de la mediana edad que cabe la posibilidad este sufriendo o a punto de sufrir nuestro compañero de vida, o la crisis en la que entra ante una esposa que decidió sin motivo aparente dejar de vivir para él, o la adolescencia de unos hijos que se confunde con la nuestra, o los llamados terribles dos años de los hijos de otras que apenas empiezan en la maternidad y se confunden con los terribles cuarenta, y hasta la de unos padres que han decidido, sin contar con nosotras, que es el momento ideal para que los papeles se inviertan y terminemos siendo la mamá de nuestros viejos.

8

Relaciones peligrosas

Si dicen que lidiar con la adolescencia es difícil, no existe la palabra para definir lo que es bregar con la llamada segunda adolescencia y la de los hijos al mismo tiempo. Esto sí que es palabra mayor porque convierten al hogar dulce hogar en un centro psiquiátrico donde las hormonas son las que llevan la batuta. Nosotras estamos evolucionando, no nos hayamos en este cuerpo que anuncia vejez, cambiamos de estado anímico de un momento para otro, consideramos que llegó el momento de reinar y se nos tome en cuenta, nos sentimos incomprendidas, y muchas mujeres, por primera vez, se enfrentan a la dura realidad de que la maternidad es muy ingrata. Sí, porque esos hijos de su madre, que eran unos niños maravillosos, buenos estudiantes, obedientes y un dechado de virtudes, de pronto deciden hacernos a la competencia y convertirse en unos adolescentes llenando uno a uno todos los requisitos y síntomas del desbalance hormonal propio de la edad.

Como no tengo hijos, cuando se trata de la adolescencia, soy una simple espectadora en la vida de mis amigas. Pero es que tampoco recuerdo haber tenido adolescencia y no porque no haya pasado por esa edad. Por supuesto que estuve ahí y no me pareció la mejor etapa de mi vida. Sin embargo, el ser una adolescente en todo el sentido de la palabra como se maneja hoy en día, eso nunca lo conocí.

—Es que nosotras no tuvimos derecho a ser adolescentes —me dice mi amiga Diana—. Por lo menos en mi casa eso no existió. Es más, mi papá nos decía que eso era un invento gringo no apto para el trópico, y que en esa casa esas vainas no se permitían. Caso cerrado, como él no comulgaba con los americanos decidió que la adolescencia era como la Coca-Cola, dañina y muy cara.

—Pues yo creo que en mi casa ni siquiera se enteraron de que fuera un invento gringo. Nos la quitaron a punta de "porque lo digo yo" y de lo que mis papás llamaban respeto, pero que no era más que el miedo horroroso a que te castigaran o te agarraran en falta. Nunca escuché decir a mi madre "es que son cosas de adolescentes". En mi casa esos pequeños atisbos de ejercer nuestra adolescencia se mataban como moscas. Y nunca, mejor dicho, porque la intención quedaba estampillada entre mi boca y la mano huesuda de mi madre.

—Pues eso es lo que yo pienso de los sicólogos hoy en día que nos vienen con el cuento de que hay que entenderlos y ayudarlos a pasar la adolescencia. A mí nadie me entendió, ni me ayudó y no salí tan mal. Es más, en mi casa la única que tiene derecho en este momento a volverse loca soy yo porque la menopausia sí ha sido un problema reconocido por la humanidad y la historia. En cambio, la adolescencia es algo nuevo.

—No creo que sea nuevo, más bien es como la celulitis o las crisis matrimoniales, existieron siempre. La cuestión radica en la importancia que se les da hoy en día, en la cantidad de información que tenemos sobre el tema, y en que ahora a todo le buscamos raíz cuadrada.

—Y salte de ahí, esa es la tarea, porque no existe la posibilidad de ignorar o no darle importancia a ninguna de esas cosas. Ya el mundo se las dio, nos hizo conscientes de eso y agárrate porque no existe forma de hacerte la loca como lo hacían nuestras mamás.

Y es que las mujeres que hemos llegado a los cuarenta en esta época somos la primera generación consciente de lo difícil que es el matrimonio, la vida en pareja, la maternidad, y hasta la educación de los hijos. Somos la primera generación que actúa basándose en el conocimiento y no en los instintos o los modelos preestablecidos. Somos las primeras en educar siendo conscientes del daño que podemos hacerle a los hijos con nuestras acciones y omisiones. Somos la primera generación que no mandó. Nos mandaron los papás y ahora nos mandan los hijos porque del culto al hombre hemos pasado al culto al niño. Los hijos gozan de un privilegio del que nosotros nunca gozamos, el de tener derechos. Yo no recuerdo haber tenido más derecho que el de respirar, pero sí tenía muchas obligaciones que iban desde estudiar y sacar buenas calificaciones, ser una niña buena y decente, respetar a los adultos, hasta cuidar mi virginidad como tesoro y cumplir con todo lo que se esperaba de mí. Hoy en día, la educación se basa en dar, dar y dar, y en el dar llegamos a un nuevo concepto, desconocido para nuestros padres, pero pan nuestro de cada día para nosotras, la culpabilidad.

Por más que le pregunto a mi señora madre si se sentía culpable por castigarme, o si se cuestionaba si estaba haciendo las cosas bien, la respuesta es la misma. No existía razón para sentirse culpable, ni nada qué cuestionarse, el asunto era así y si me portaba mal su deber era encausarme. Y bien encausadita que me tuvieron porque me manejaban a punta de ojos. Existía una mirada para cada ocasión que además yo entendía a la perfección. Ni siquiera se daban el lujo de abrir la boca. Con un movimiento de ojos quedaba todo dicho. Además, yo era la hija mayor y como tal mi deber era dar el ejemplo a los hermanos pequeños, actuar como la adulta sin importar la edad que tuviera. Esa es la razón por la que no recuerdo haber tenido los síntomas de la adolescencia. No me dejaron, y explica también por qué cuando llegué a los treinta entré en una segunda adolescencia que me dura hasta el día de hoy. Es que no era la segunda, me estaba dando el lujo de vivir por primera vez como una rebelde sin causa y como lo estaba haciendo a destiempo no se me curaba con el paso de los años, al contrario se me acrecentaba, y en el camino se me juntó con la menopausia, el equivalente a una segunda adolescencia.

Y me estaba dando el lujo de vivir todas mis adolescencias en una. Pero las mujeres que viven con seres aprobados por la edad, la ciencia y la sicología como los oficiales, estaban pasando por las verdes y las maduras. Mi hermana Soqui dice que la naturaleza es muy sabia en esto de la adolescencia. Envía a los hijos como unos bebés adorables y los primeros años te los puedes comer de la ternura y el amor que te causan. Sin embargo, lo hace con antelación, alevosía y premeditación, para que les agarres mucho amor antes de que lleguen a esa edad en que los quieres matar. Y es que es muy difícil matar a alguien a quien ya le has tomado cariño, con quien has convivido y se te metió en el corazón. Según ella, si fuera al revés, y nos los dieran de adolescentes de entrada, correrían el riesgo de no sobrevivir ni a la adolescencia, ni a la vida.

Pero es que si de la adolescencia se trata, las únicas que corren el riego de no sobrevivir son las madres. Es complicado y duro lidiar con unos seres que dejan de ser los niños adorables que las amaban y dependían de ellas para encontrarse de pronto con unos personajes a quienes la vida les apesta y han llegado a la conclusión de que lo que más les apesta son precisamente los padres. El común denominador de todo adolescente es desear que sus viejos desaparezcan de la faz de la tierra porque están convencidos de que quieren hacerles desgraciada la vida. Ellos tienen a sus amigos que son lo máximo, quienes los entienden, y quienes están pasando por lo mismo. Y por supuesto, para estas criaturas pensar que la madre también está siendo víctima de un proceso hormonal y existencial muy parecidos, no entra entre las posibilidades. La vieja simplemente se volvió loca y ojalá la pudieran meter en un manicomio para salir de ella. Y estoy convencida de que el manicomio puede llegar a ser un lugar muy atractivo para cualquier madre que esté padeciendo la adolescencia de un hijo.

—Es que te provoca matarlos —me confesó una amiga—. Son como campo minado. No sabes por dónde te van a reventar con esos cambios de humor que tienen y ese deseo de hacer lo que les dé la gana y ser libres. Y con todo lo que hay afuera: drogas, alcohol, malas compañías, la vida se te convierte en un tormento. Yo ya entre los bochornos nocturnos y las llegadas de mis adolescentes en la madrugada paso las noches en vela y comiendo techo.

—¿Los esperas despierta?

—Depende. Hay noches que los bochornos me ayudan y como no me dejan dormir en paz... pero otras o pongo despertador o estoy tan pendiente que al menor ruido, abro el ojo. Y es que tienes que estar ahí, viendo cómo llegan y hasta oliéndoles la boca para ver si tomaron o no. Te vuelves un policía buscando siempre algo que te diga que están bien y que no van por malos pasos.

—Eso me recuerda a mi madre, ahora que lo dices. Ella me esperaba despierta y créeme que eso me libró de malas horas. Saber que ella iba a estar esperándome y que si no llegaba a tiempo o en buenas condiciones el castigo llegaba, porque llegaba.

—Es que es una edad muy complicada porque se sienten adultos, pero no son conscientes de las responsabilidades y mucho menos de las consecuencias de sus actos. Además, con el despertar sexual a millón.

Palabras mayores porque lo dicho anteriormente es una bomba de tiempo para cualquier ser humano. Sin embargo, es el común denominador de todo adolescente y uno de los grandes descubrimientos para los padres a esta edad. La labor no está terminando, al contrario, apenas empieza porque si ya se ha logrado educar al niño y hasta sobrevivir al adolescente, todavía les queda la ardua tarea de enseñarle a ser un adulto con todo lo que eso implica.

—Un nuevo parto, me dice Diana. Otra vez los estás pariendo pero esta vez para que se vayan y el dolor, la sensación de que te están desgarrando nuevamente por dentro es horrible. Por mucho que sepas que eventualmente se van a ir, que es la ley de la vida y todas esas maricadas que te dicen, cuando llegas ahí, duele. Y para colmo de males tienes que ayudarlos a irse, darles las armas, encaminarlos para que se alejen de ti.

—Bueno, a lo mejor en eso la naturaleza sí es sabia porque, si como ustedes mismas dicen, la adolescencia es la etapa en que los quieres matar, a lo mejor te la mandan precisamente para que cuando se vayan sientas un alivio tremendo.

—Cómo se nota que no eres mamá, los quieres tanto que aunque te hagan la vida de cuadritos no los quieres dejar ir nunca.

—Ah, como esos malos amores que te joden la existencia pero no puedes vivir sin ellos.

—Así, en tu lenguaje, es así igualito. Te friegan, te contestan feo, te hacen sentir la bruja que va a acabar con su existencia y con una sonrisita o un buen momento, vuelves a caer rendida a sus pies. Es que cuando nacen te cortan el cordón umbilical y es la primera herida en el cuerpo que tiene el ser humano, pero cuando se van es la hora de cortar el cordón umbilical emocional, y ese no cicatriza nunca.

Y para muchas mujeres no sólo es duro, se enfrentan a un cambio de vida en el que su trabajo principal se acaba. El vacío es gigantesco, mucho más si no se prepararon para tener propósitos individuales, intereses personales propios que las hagan sentir incentivadas y productivas. Hasta parece que la naturaleza finalmente muestra algún tipo de sabiduría y nos envía a esta edad el yoísmo con el propósito de que seamos capaces de invertir en nosotras mismas, ser nuestro mejor propósito, en un momento en que los hijos se van. Ya no se trata más de ellos, se trata de nosotras. Y es mejor tenerlo muy claro ya que en esta etapa se corre el riesgo de encontrarse también con que el sueño de volver a ser dos con la pareja no tiene nada qué ver con la dura realidad. Si uno es de esas mujeres que pensó que el nido vacío venía con la posibilidad de poder empezar a disfrutar nuevamente al marido, viajar juntos, hacer todas esas cosas que se sacrificaron en el camino de la paternidad compartida, lo más seguro es que al único lugar a donde vaya es al de la decepción absoluta.

—Móntalo en el avión —me dice la Turquesa—. Nada más te dejo la taerita de montarlo en el avión. No, eso no es posible, porque llegaron al punto de ser indispensables en el trabajo, no se pueden tomar ni un fin de semana libres. Y si se lo toman están tan agotados que lo único que quieren es chupar sofá. Es más, ni te lo lleves porque terminas viajando con un ente, autista, que tiene la cabeza en el trabajo siempre.

—Bueno, ellos también están pasando por sus crisis y piensan que tienen pocos años de vida productiva y le quieren sacar provecho.

—Y yo no te digo que no trabajen, ni idiota que fuera para ir en contra de mi propia economía. Pero, hija, una semana al año no es mucho pedir. Agradecidos deberían estar que a estas alturas del paseo y encima como lucen quiera uno llevárselos de viaje y mostrarlos por el mundo. Pero no, él pretende que viajemos y disfrutemos la vida cuando ya el bastón o la silla de ruedas sean nuestro medio locomotor. Es la edad del plan A y el B. El A es haces tus reservas siempre sola y el B es si él se quiere montar que se monte, pero de que vas, vas, porque si no te quedas como la Bella Durmiente del bosque, acostada y esperando a un tipo que no sabes cuándo carajo va a llegar.

Nunca mejor dicho, hay que planear, pero planear pensando en uno, en sus propias necesidades, y llegar a esta edad con propósitos de vida personales muy definidos. Si los cuarenta se viven entre adolescentes o con el nido vacío, la única salvación que tenemos las mujeres es llegar a ellos con una agenda personal llena para no sentirnos aisladas y abandonadas por el mundo entero. Ahora, si se vive con hijos pequeños es otro gallo el que canta. Pero canta como gallina vieja que aunque sea muy buena para caldos no es la ideal para educar. Y es que siempre escuché decir que todo tiene su edad y en esta etapa es una sentencia infalible. Desde el hecho de que ya no podemos querer vernos ni lucir como de veinte porque parecemos unas viejas ridículas tiradas a jóvenes, hasta el estar en trotes como cumpleaños infantiles, las películas de Disney, ir a Disney y montarse cien veces en "is a small world after all", los conciertos y *shows* de Barney, cantar a pecho abierto "te quiero a ti, y tú a mí, somos una familia feliz", enseñar a montar bicicleta y a patinar cuando se corre el riego de que se nos haya olvidado o que nos rompamos el fémur en el intento, y ayudar a hacer unas tareas cuando la memoria no nos da para recordar cuando estuvimos en el colegio.

—Es como si regresaras al colegio nuevamente —me dice Luz María—, eres una estudiante más porque a mí todo eso se me había olvidado. Con excepción de leer, escribir y los principios básicos matemáticos, te juro que pareciera que nunca fui al colegio.

—¡Qué flojera! ¿Y te tienes que sentar todas las tardes a estudiar? No, con lo que yo odié el colegio.

—Sí, porque además los colegios de hoy en día son así. Las mamás de uno a duras penas revisaban que las tareas estuvieran bien hechas, ahora esto es entre dos. Pero míralo por el lado bueno, con lo caros que están los colegios a mí me parecen hasta baratos si tienes en cuenta que somos dos las que estamos estudiando, mi hija y yo.

Es más, estoy convencida de que esta nueva generación de hijos de madres cuarentona, hablará un idioma diferente en el que las palabras se reemplazan por la definición de los objetos. Para ellos una peinilla será "eso con lo que uno se peina", ya que nuestra memoria no nos da para encontrar la palabra justa. Lo he visto con mis propios ojos cuando le dicen al niño: "sí, tu amiguito, ese, ya sabes" mientras la criatura mira sin saber de qué habla una mamá que encima se enfurece porque no la entienden. "ese, el que vino ayer tarde, por Dios, cómo no vas a saber, el de la camisa azul, el que trajo la película de Superman. Hijo, cómo no vas a saber de qué te estoy hablando". Y los niños con esa capacidad de aprendizaje envidiable que tienen terminan descifrando los códigos desmemoriados de sus madres en un nuevo lenguaje que no incluye palabras ni nombres, sino más bien descripciones.

En mi caso, cuando se trataba de la maternidad, podía decir que me había librado de ambas cosas. No tenía ni lo uno ni lo otro, sino todo lo contrario. La vivo a través de mis hermanos, de mis amigas, y en uno que otro momento en el papel más desprestigiado de la tierra, el de la madrastra. No soy la mamá de nadie. Bueno, eso creía hasta que de pronto empecé a descubrir que tenía dos hijos, uno de 69 años y otra de 67. Sí, estaba entrando a la dimensión desconocida y no sabía en qué momento se intercambiaron los papeles y me había convertido en nada menos y nada más que la madre de mis papás. Es que mejor dicho al que no quiere caldo le dan dos tazas. Es más, estaba aprendiendo que no es vedad que al que Dios no le dio hijos, el Diablo le da sobrinos, más bien le da padres para que no te vayas de este mundo sin conocer en carne propia las vicisitudes de la maternidad. Y si la maternidad significa paciencia, mucha paciencia, cuando se trata de los viejos, se necesita además una buena dosis de resistencia.

En un momento en el que ya estaba resignada a no ser la mamá de nadie, que ya había lidiado de forma decorosa con la eterna pregunta de ¿por qué no tienes hijos, o la de los hijos de mis amigas que preguntaban ¿ y tú de quién eres la mamá?, mientras buscaban alrededor al ser pequeño que según ellos me correspondía en mi calidad de mujer adulta, lo último que me imaginé es que este papel ancestral del que me había librado me cayera encima en la mediana edad. Y es que por más que pienso, y pienso, y me rompo la cabeza, no recuerdo a mi mamá siendo la madre de la suya. Sí, hasta el día de hoy la visita a diario, está pendiente de mi abuela, la llama constantemente, pero su relación sigue siendo la de una hija comprometida que hace casi lo mismo con su suegra, y no en una madre putativa. No sé si esta nueva tendencia tenga qué ver con el hecho de que en los tiempos que vivimos también los padres se cuidan, le huyen a la vejez, se mantienen mejor, intentan llevar una vida activa y productiva a pesar de los años, y se siguen sintiendo jóvenes. En cambio para mis abuelas la vejez les llegó a los cuarenta. Ellas mismas decidieron que ya no estaban para más trotes y se sentaron en sus mecedoras a ver pasar el tiempo porque así lo dictaban las normas de la buena conducta y el decoro. O quizás, una vez más, estoy ante la actitud filosófica de las mujeres de antes: sí se convertían en las madres de sus progenitores, pero como la vida era así no había razón para hablar del tema y mucho menos quejarse. Además, era una generación que rendía culto al sacrificio, por lo que me imagino que este cambio de papeles también entraba en la categoría de los pagos que le hacías a la deuda celestial y que te aseguraban la entrada directita al cielo. Sigo sin saber si es parte de esa vida sacrificada o de esa forma que tenían las mujeres de antes para hacer ver como que las cosas eran fáciles, pero la realidad es que lidian con la vejez de sus padres de forma diferente.

Por supuesto que mi señora madre se queja de mi abuela, pero de la vejez de mi abuela, no de que ella parezca la madre de mi abuela. Es más, muchas veces peleo con ella porque pretende que mi abuela a sus noventa años tenga buena memoria.

—Pero es que, Rosy, ¿cómo es posible que diga que no la he llamado si hablamos esta mañana? No sé qué le pasa a tu abuela. Todo se le olvida.

—Por favor, mami, si a mí se me olvidan las cosas, imagínate a ella. Tiene noventa años, por Dios, de pura cosa se acuerda de algo. Y ya ni hablemos de ti, también se te olvidan. Es la edad.

Y en eso sí estamos de acuerdo mi madre y yo, es muy difícil y frustrante enfrentarte al deterioro de tus padres. Creo que es de las partes que más caos me han creado a esta edad. Entender que mis padres están envejeciendo, verlos envejecer, mientras que la niña que todavía habita en mí pretende seguirlos viendo como la gran roca de la seguridad. Los sicólogos y expertos en el tema dicen que esta horrible sensación tiene que ver con nuestra propia mortalidad. La vejez de nuestros progenitores nos enfrenta al hecho de que todos somos mortales. Y a lo mejor tengan algo de razón, pero en mi caso creo orinan fuera del tiesto con todo este cuento sicológico. A mí no me enfrentan a mi propia mortalidad, me enfrentan a la de mis padres que me parece mucho más dolorosa y me debilita. Admito que mi caso es distinto. Para la mayoría de los mortales esta etapa la viven con hijos, esposos y una familia de ellos constituida. Yo no tengo ni lo uno. Mi familia siguen siendo ellos y mis hermanos, no he construido en el camino amores más fuertes, y por eso ante la vejez de mis padres y verlos deteriorarse, se me mueven los cimientos de la seguridad y la fortaleza. Mi mortalidad, le tengo la mala noticia a todos estos expertos, me importa un carajo, lo que no quiero es que se mueran ellos. Pero tampoco quiero que se conviertan en mis hijos porque eso también me hace sentir que estoy perdiendo los bastiones de mi vida. Para mí, tienen que seguir siendo mis papás, los seres fuertes, la autoridad, los que resuelven, los que me hacen sentir segura y protegida. Pero no hay nada qué hacer porque la vejez, sin lugar a dudas, es un regreso a la niñez, y a falta de padres pues están los hijos.

Y aquí estaba, empezando a educar y criar a mis viejitos. Y no es exageración. En los momentos que comparto con ellos, los vivo cuidando y me he convertido en una mamá en potencia. Cuidado te tropiezas, mami, papi, no te vayas a perder, te explico una vez más el camino, mami, ¿cómo se te ocurrió decir eso? ante su recién adquirida tendencia a decir lo que no debe cuando no debe. ¿Cómo que no sabes dónde dejaste tus gafas?, pues búscalas, son tu responsabilidad no la mía. Y me encuentro recogiendo detrás de ellos todo lo que van dejando tirado. Son frases y actitudes que al igual que con mis sobrinos chiquitos tengo que repetir constantemente. La cuestión ha llegado a un punto en que hasta he desarrollado mis propios códigos que reemplazan a las miradotas con las que ellos me hablaban en mi niñez. Sí, ante la repetidera de mi padre, que me puede llegar a contar la misma cosa diez veces en un día, alzo la mano con los dedos en el número de veces que ya he escuchado lo mismo. Así que ante la frase de mi progenitor de "Rosy, te conté que..." yo sólo alzo la mano, muestro el número tres y ya él entiende que esas son las veces que ya me lo ha contado. Y a mi madre también ya sólo la miro de ciertas maneras para que entienda que debe callarse o que no me pregunte más lo mismo, o que no es el momento, que estoy ocupada.

—Pues yo ando en las mismas —me dijo una amiga—, paso de mandarle códigos a mis adolescentes para que bajen los codos de la mesa a mandarle códigos a mi señor padre para que no haga buches con el agua que se está tomando o se eche pedos en público.

—¿Qué?

—Sí, se le ha dado por eso y lo peor es que no se da cuenta cuando lo hace. No sabes la impotencia que te da. El otro día estábamos con un grupo de gente y ya cuando lo veo que sube el pie y pone la pierna como de lado me quiero morir porque sé que ahí viene. Nada más me tienes que ver haciendo ruido con lo que sea, hasta aplaudo aunque no venga al caso, empiezo a matar moscas imaginarias como loca de telenovela mexicana, para distraer el ruido.

—Distraes el ruido, pero ¿cómo haces con el olor?

—Dejarlo a la imaginación de que cualquiera puede ser el generador de los hechos acaecidos. Pero, bueno, ya llegamos a un acuerdo que cuando hace algo así, le trueno los dedos para que esté consciente. Igual quedo como loca porque nadie entiende por qué estoy tronando dedos. Es como si fueran niños y tuvieras que educarlos nuevamente.

Y también como si fueran niños, los viejitos regresan a la repetidera de las cosas, a un estado donde todo debe girar alrededor de ellos y a la necesidad de que se les ponga atención constantemente. Hasta los berrinches regresan cuando no estamos para ellos o no les prestamos la atención que desean. Y Dios nos libre no sólo de los berrinches, sino de la manipulación en la que podemos caer, porque no debemos olvidar que estamos ante una generación que vio la maternidad como un sacrificio y corremos el riesgo de que nos lo saquen en cara. Pero hasta en eso en mi casa hemos llegado a un acuerdo común en contra de las posibles manipulaciones, nos burlamos y utilizamos unas de las frases favoritas de mi progenitora: "¿A tu mamá, le vas a hacer eso a tu mamá?", antes de que ella misma la use. Y digo que hasta en eso hemos llegado a un acuerdo en mi familia porque en esto de criar a los padres más nos vale que sea una labor conjunta de todos los hijos. Una labor compartida entre hermanos para que no terminemos como con los adolescentes, queriéndolos matar, y comer del muerto.

Es desconcertante, y no entiendo por qué nadie me avisó de esto. No existe un libro de cuentos que nos prepare para esta etapa de la vida. A no ser que lo de Caperucita Roja tenga su mensaje subliminal incluido y el lobo que se iba a comer a la abuelita sea el equivalente a la vejez. Pero no tendría sentido porque no veo la forma de llenar a la vejez de piedras y tirarla al río para que deje de molestar. Además, a estas alturas del cuento ya nadie tiene ojos para ver mejor sin gafas, y ni hablar de boca para comer porque cualquier cosa de más que uno ingiera implica calorías extras y gordos seguros. Tampoco en un mundo plagado de libros de autoayuda he encontrado alguno que se titule *Cómo ser un buen padre para los padres*. En esto estamos a la lluvia de los cocos, improvisando como lo hicieron ellos con nuestra educación, en un acto irónico de la vida en la que la improvisación termina cayéndoles encima a ellos. En mi caso la improvisación es total. No he tenido hijos que me hayan calentado el brazo o el tema para llegar aquí y poder hacerlo aunque sea con un poquito de experiencia. Mi experiencia en esto de educar es nula y quizás por eso a veces creo que mis hermanos llevan las de ganar porque tienen la paciencia adquirida a través de sus propios hijos.

Pero es que sí somos la primera generación que educa consciente del daño que se le puede hacer a los hijos, también somos la primera generación que es consciente de que tiene que educar a los padres. En el pasado, a los viejitos se les visitaba, se escuchaban sus maravillosas historias porque eran los dueños de la historia y la experiencia. Ellos tenían el conocimiento, pero desgraciadamente nuestros padres son también la primera generación para la que sus conocimientos, en muchas cosas, quedaron obsoletos, y son ellos los que han terminado aprendiendo de sus hijos. Empezando por una tecnología que los atropella constantemente y sin ningún tipo de consideración con una Internet que no entienden, cientos de canales en la televisión y un control remoto que no logran manejar. Hasta el día de hoy, no he logrado que mis progenitores comprendan que no hay ninguna necesidad de marcar el número del canal anterior, con sólo oprimir un botón se regresa a él. No, para ellos la única forma es volverlo a marcar. Les han tocado tantos cambios tecnológicos y de vida que así como los niños de hoy nos pueden dar cátedra a nosotros, a nosotros nos ha tocado la labor de encaminarlos a ellos en este nuevo mundo que no sólo cambió tecnológicamente sino en sus formas de vida. Y me da una ternura infinita verlos perdidos en la tecnología, preguntar cómo funciona, abismarse ante los nuevos descubrimientos, de la misma forma que se asombran y no logran entender los divorcios, las convivencias sin matrimonio incluido, las madres solteras, las relaciones sexuales antes de casarse, las mujeres que abandonan a sus hijos, los matrimonios de segunda y tercera vueltas, la nueva paternidad llena de culpabilidades, los padres comprometidos que hasta cambian pañales, las mujeres que anteponen su vida profesional a la familiar, y las que como su propia hija han decidido no vivir como Dios manda. Así como les repito constantemente "mami, si espichas este botón te regresas al canal en que estabas", de igual forma vivo repitiéndoles "la vida ahora es diferente y si algo tienen asegurado es que no hay forma de volver al canal en que estaban". La dura realidad para nuestros viejos es que a pesar de su experiencia y de todo lo que ha vivido se han encontrado con unos hijos para quienes muchas de esas experiencias son obsoletas y no tienen ni vigencia, ni sentido, en el mundo en que nos tocó vivir. Y les cuesta mucho trabajo entender que podemos ser felices en una sociedad que para ellos ya no tiene ni pies ni cabeza.

8

Una cuarentona feliz

Y lo somos a pesar de ser la generación del cambio. Y en eso sí me identifico mucho con mis papás. Muchas veces ni yo misma entiendo las cosas que pasan a mi alrededor, cómo se han dado los cambios, ni cuándo. La tecnología me atropella, no tanto como a ellos, pero me atropella. Soy a la antigüita y todavía es hora de que por más que la computadora se haya convertido en mi medio de trabajo y medianamente la logre manejar, no puedo corregir nada escrito si no está en el papel. Los errores en la pantalla pasan desapercibidos, pero por alguna razón extraña en el papel los veo claritos. De igual forma, no he logrado volverme fanática de los celulares. Me saca de onda estar en el supermercado y que me llamen y hasta me parece de mal gusto tener una conversación rodeada de extraños. No tengo ninguna necesidad de enterarme que la señora que está de compras tiene problemas matrimoniales y el marido le está siendo infiel. Pero esto es parte de este mundo tecnológico donde los problemas personales pasan a ser vox populi y todos terminamos enterándonos de la vida de los demás. Al igual que mis papás, miro las cámaras fotográficas o de videos como objetos extraterrestres y también me veo en la obligación de ponerme las gafas para poder manejarlas. Lo que no me sirve de mucho porque después de haber aprendido cómo se hace seguramente tendré que empezar de nuevo porque sale algo nuevo y mejor que reemplazará la que ya tengo.

En cierta forma, la tecnología y la vida se me están pareciendo y mucho. Para nuestros viejos los avances eran lentos, pausados, pero para mi generación han sido rápidos, vertiginosos y constantes. En el camino salen nuevos avances, mejores oportunidades y lo que ayer era bueno hoy puede ser mejor y mañana lo máximo. Si mal no recuerdo, cuando era niña y en mi casa compraban la televisión último modelo, esa que venía incluida en un gigantesco mueble de madera y en la que sólo saldría un canal, duraba años prestando su servicio. Es más, le vivían cambiando los fusibles y haciéndole arreglos. Hoy en día lo moderno dura, como mucho, meses antes de que salga lo más moderno y ya nadie cambia fusibles porque es más fácil y más barato comprarse un televisor nuevo. Y esa es la vida que nos ha tocado vivir, llena de novedades, en la que la educación de los hijos, las relaciones, la realización personal, toman nuevas formas y nos obligan a reinventarnos. No tenemos que conformarnos con el televisor viejo, y que digo tenemos, no podemos, porque la realidad es que no nos queda más opción que renovarnos porque ante un plasma o un alta definición estaría de quinta que siguiéramos empeñados en ser un mueble de madera que pesa más que un matrimonio y nos dañaría el *look* minimalista que es lo de hoy.

Admito que lo del plasma todavía lo estoy pensando porque todo lo tecnológico me crea inicialmente resquemor.

Pero creo que he terminado pareciéndome a los televisores de alta definición, precisamente por eso, por lo de la definición alta. Y es que me parece una maravilla haber llegado a los cuarenta en un mundo lleno de opciones y posibilidades y con una definición de mí misma bien alta. Ya lo dijo Cher, la famosa cantante, que su mejor etapa fueron los cuarenta, pero aunque estaremos de acuerdo en que el personaje no es precisamente un dechado de virtudes a seguir, le doy toda la razón. Sus innumerables cirugías son una prueba fehaciente de que es más fácil ser una cuarentona espectacular en estas épocas que en las de mis abuelas donde la cuchilla servía sólo para afeitarse.

Somos unas cuarentonas que han tenido la dicha de entrar a esta edad en pleno siglo XXI con todo lo que eso implica. Empezando por una tecnología que nos ayuda a que la decadencia no sea tan obvia. Ahí están todas las cremas, inyecciones, cirugías, ejercicios, formas de alimentación que vienen a nuestro rescate para ayudarnos a envejecer sin que se note tanto. Ahí están al alcance de la mano todos los avances tecnológicos en forma de teléfonos celulares y agendas electrónicas que nos hacen olvidar que ya la cabeza no nos da para nada mientras ellos hacen el trabajo por nosotras. Y sobre todas las cosas, ahí están todos estos estudios sicológicos que nos ayudan a entender los procesos por los que pasamos. Es una edad que nos obliga a dejar de ser personas reproductivas para empezar a ser productivas. Los tiempos en los que una mujer a los cuarenta sólo podía esperar más de lo mismo quedaron atrás. Y ahí están mujeres, como la presidenta de Chile o la primera ministra alemana, para demostrar que es la edad de invertir en nuestros sueños porque seguramente vamos a ser capaces de hacerlos realidad. En cierta forma, la vida nos está dando la oportunidad de volver a empezar pero basándonos en el conocimiento de nosotras mismas, en quiénes somos, y qué queremos, ya lejos de las obligaciones y de lo que se espera de nosotras. No puedo pensar en un mejor momento social y cultural para vivir una edad que nos invita a la plenitud en todos los sentidos.

Me imagino que los cuarenta de mis sobrinas quizás sean mejores que los míos, pero estoy convencida de que los de mis abuelas y de mi mamá no lo fueron. Ellas no sufrieron ningún tipo de crisis a esta edad y si las vivieron ni cuenta se dieron porque no tenían otra opción. Pero nosotras no sólo podemos darnos el lujo de vivirlas, sino que además entendemos que como la palabra lo dice, crisis, que viene del griego *Krisis*, significa decidir, juzgar y separar, estamos ante un momento de cambio y evolución. Decidiendo qué queremos, juzgándonos a través de nuestro propio código no el de los demás y separando lo que sirve de lo que está de más. Es una época en la que la calidad prevalece ante la cantidad. Y no sólo porque ya no podamos aguantar más de una comida, de una rumba, de un acto sexual, de una trasnochada, sino por la sencilla razón de que preferimos lo bueno a lo mucho. El minimalísmo empieza también a decorar nuestra existencia y si somos de los seres que han logrado madurar y dejar atrás los sueños de juventud, con todo y cuerpazo incluido, nos convertimos en personas para quienes menos es más. Menos maquillaje nos hace lucir más jóvenes, menos accesorios más elegantes, menos kilos más saludables, y hasta menos tiempo para todo, en un proceso que nos invita a dejar la acumulación y ser selectivos. Estamos en una etapa de evolución. En su libro *Las estaciones en la vida de una mujer*, Daniel Levinson el autor, afirma que el error ha radicado en pensar que el ser humano sólo evoluciona hasta la adultez. O, mejor dicho, la evolución se da en los inicios de la existencia, de bebé a infante, de infante a adolescente, de adolescente a adulto, y pare de contar. Y no es así, el ser humano vive en una constante evolución. En cierta forma, los cuarentones pasamos a ser el equivalente de los adolescentes, pero de la edad madura. Y aunque la imagen es cero atractiva, no me llama la atención ser nuevamente adolescente y mucho menos de la edad senil, lo que me convierte en una vieja en potencia, debo darle la razón. Los síntomas están ahí, me estoy buscando a mí misma, cuestionando mi vida, decidiendo quién soy en realidad, y el desbalance hormonal es muy parecido.

—Déjenme que les cuente, limeñas, que después de leer y leer sobre el tema, he llegado a la conclusión de que sí somos unas adolescentes.

—¿Cuáles adolescentes? —me dijo una de mis amigas—, de adolescentes nada. Somos unas menopáusicas y, si acaso, premenopáusicas.

—No todos los libros lo dicen. Es más, encontré uno que afirma somos las adolescentes de la edad madura. Así, nos sentimos igualito, las incomprendidas, ansiosas por el futuro que nos espera, insatisfechas, yoístas, y cansadas de llenar las expectativas de los demás. Tenemos las mismas necesidades emocionales que los adolescentes.

—Pues yo la única necesidad que tengo de los adolescentes es la física, me encantaría volver a tener un cuerpo de quince. Y ese no viene incluido, al contrario, ellos van de subida y yo de bajada. Ah, y la energía, me encantaría tener la energía de mis adolescentes. Fíjate, hasta el cuerpo lo cambiaría por la energía.

—Pues yo no lo veo como tú, no sé si es que no tenga la energía pero es que tampoco me gustaría volver a esas noches de rumba constante, a las desveladas...

—Ahí radica, sí somos las adolescentes como tú dices, pero tenemos la peor parte de la adolescencia. Ya te dije no tenemos el cuerpo, ni las energías, sólo esos cuestionamientos horrorosos, la inconformidad, el desbalance hormonal y el deterioro. Pero siendo sincera, a la hora de la verdad, no volvería a esa edad ni que me pagaran.

—Estoy de acuerdo contigo. Yo tampoco. Siempre lo digo y mucho, pago para no volver ahí. Si existe la reencarnación, cuando llegue arriba o abajo, donde me toque, a la persona encargada de las nuevas vidas le voy a pasar un dinerito para que me quite la adolescencia y me doble los cuarenta. Es que la madurez es una maravilla, es "el" descubrimiento.

—Ni siquiera los cambiaría por los treinta porque esos me los pasé criando hijos, cuidando marido, del tingo al tango. Ahora finalmente se trata de mí. Por eso odio que me comparen con los adolescentes por mucho que me les parezca. Aunque debo darles la razón en esto de que la vida se trate de mí, me les parezco y mucho. Pero es una delicia.

—Mucho más si tienes en cuenta que no somos las cuarentonas de antes.

—Dios nos libre, te imaginas empezar a utilizar la frase maldita.

—¿Cuál?

—Envejecer con dignidad. Me aterra. Dignidad tiene connotaciones de resignación, canas, arrugas, gordos, celulitis, piel reseca y todo el deterioro. Me niego.

Es que envejecer con dignidad es algo que se quedó en los tiempos de mis abuelas. Ya ni a mi mamá le tocó esa época. Ella ha sido una mujer que a sus sesenta va al gimnasio, pasa por uno que otro retoque, vive a dieta y hace mucho tiempo que dejó atrás el sueño de llegar a esa edad, ponerse una bata y dedicarse a comer todo lo que le dé la gana. La dignidad hoy en día tiene solución en frascos de tintes que no tuvieron mis abuelas, en Botox, en el conteo de carbohidratos y grasas, en la mesoterapia y en cremas para todo tipo de problemas que tengamos o que podamos tener. No existe la necesidad de envejecer con dignidad, cuando se puede envejecer con Estee Lauder, Lancome o un buen cirujano plástico. Ya lo decía Agatha Christie, el marido ideal es un antropólogo porque en la medida que envejecemos somos más fascinantes para él. Pues en la vida moderna son los cirujanos plásticos para que en el camino nos vayan haciendo los arreglitos pertinentes.

Pero independientemente de si me consigo al cirujano plástico o me tengo que bajar del bus para pagarle a uno o simplemente me busco un galán que esté en las mismas que yo, no puedo dejar de sentir que he llegado a los cuarenta en el mejor momento para vivirlos. No me cambio por ninguna de las mujeres que me antecedieron, ni por ninguna otra edad ya vivida. No extraño el pasado como les pasa a algunas de mis amigas que están haciendo algo parecido a recoger sus pasos, para pasar a una mejor vida, ya sea comprándose la colección de discos completa de Julio Iglesias o regresando a los sitios donde pasaron su niñez o juventud. No siento esa añoranza porque además he llegado al punto en que muchas de esas cosas me están regresando sin que quiera. Es el caso de la moda de los leggins y los aretes tipo lámparas de comedor, que me hacen sentir por un lado vieja, pero por el otro me dan la oportunidad de volvérmelos a poner ya que el cuerpo todavía aguanta y mis orejas no han crecido lo suficiente como para que los aretes se me junten con el hombro.

Como bien dijo Neruda, "confieso que he vivido" y soy de la generación que cantó y bailó con Julio Iglesias, El Puma y Miguel Bosé. Pero de igual forma, soy de las que bailan con Ricky Martin, canta con Luis Miguel y mueve las caderas con Shakira. Es más, me acabo de volver fanática y devota de Ricardo Arjona quien en sus años mozos ya sabía el valor de una cuarentona y cantaba a viva voz: "Señora de las cuatro décadas". Indudablemente un ser elevado y con una característica muy extraña en los hombres, la seguridad en sí mismos. Y es muy difícil que un ser de su especie aprecie la libertad e independencia de una mujer a esta edad. No están acostumbrados a que nos importe muy poco lo que se piense de nosotras y a que hagamos lo que nos da la gana sin tenerlos en cuenta. Para colmo de males también hemos llegado a la edad del rojo. Sí, preferimos ponernos rojas una vez y no cientos de veces coloradas, vamos diciendo lo que pensamos con carita de yo no fui. A esta edad ya no estamos para revolotear alrededor de nadie y es admirable que esta actitud sea apreciada y hasta digna de una canción.

Además, tengo la sensación de que el mundo sí revolotea a mi alrededor y que en cierta forma estamos de moda. No sólo por los mails que circulan en la Internet de otro hombre inteligente y seguro de sí mismo elogiando a las mujeres de esta edad y a lo poco problemáticas, dramáticas y complicadas que nos volvemos. Sino porque las revistas para nosotras, los libros sobre nosotras, los productos dirigidos específicamente hacia nosotras abundan en el mercado. Y aunque exista uno que otro perdido de ruta como el del comercial que busca gente nacida entre los años 56 y 60 para venderles su espacio en el cementerio, alguien debería decirle que somos una generación que aspira a ser cremada, no enterrada, creo que somos hasta para el consumismo la edad perfecta. La madurez, la sabiduría, bien empaquetadas en unos cuerpos cuidados y mantenidos, independientemente de lo que nos toque hacer para vernos así. Como bien dice un amigo mío, es que para reemplazar a una de cuarenta se necesitan dos de veinte porque con una no sería suficiente.

Y por eso, como lo ha cantado mi adorado Arjona, no me dedico a ponerle años a mi vida sino vida a mis años. No me quedé atrás, sigo viviendo acorde con los tiempos y experimentando cosas nuevas. Como Sushi, y me gusta, tengo un Ipod, patino, hago pesas en el gimnasio, navego en seco sin agua, sin barco y sin velas en algo llamado Internet, y si la situación lo amerita continúo montándome en una mesa para bailar. Visto de jeans y sigo poniéndome mis trajes de baño bikinis hasta que el cuerpo aguante. Porto orgullosamente unas canas entremezcladas con rayitos, y unas arrugas que me acreditan como una mujer a la que la vida no le pasó en vano, y que ha tenido la maravillosa oportunidad de vivir los cuarenta lejos de un mecedor o de unas normas preestablecidas. Soy una cuarentona feliz, que el día en que llegó a esa edad y dejó de ver para empezar a usar lentes para la presbicia, fue el mismo día en que se dio cuenta de que era la hora de ver claro y sin lentes hacia dentro de sí misma.